好起來的從來都不是生活，而是你自己！

夏天　著

金尉出版　Money錢

生活很難，但你不必難過一輩子。
世界不會突然變好，但你的心態變好，
世界就不一樣了。

目錄 Contents

01 就做你自己，奇怪一點也沒關係

02 別等生活對你笑，你得先逗自己開心

03 像大人一樣生存，像孩子一樣生活

04 生活不需要比別人好，但一定要比以前好

05 你要自己發光，而不是被照亮

06 在所有的日子裡，我最喜歡今天

生活中只有一種英雄主義，
那就是，
在認清生活真相之後，
依然熱愛生活。

——羅曼·羅蘭

人生的道路應該慢慢跑完，
而不是剛開始跑得飛快，
後面卻舉步維艱。

放輕鬆，別去和別人比較，
你沒有落後，也沒有領先。

在命運為你安排的屬於你的時區裡，
一切都是準時的。

最強烈的愛根源於絕望，
最深沉的痛苦根源於愛。

風景和人在路上，歡喜觸動在心裡，
我們只是不小心從對方的生命中經過，
留下了無法忘懷的氣味。

愛情藏於孤獨，
即使孑然一身，也不算太壞的局面。

一天一天過，一步一步來，
那份柳暗花明的喜樂和終會抵達的必然，
在於自己的修行。

有些事情，不親身經歷，永遠不會懂。
有些時候，只要靜靜等待，一切都夠了。
等風來，幸福就在。

成熟就是，
以前芝麻大點的事兒就多愁善感，
現在即便萬水千山，
單槍匹馬也可以應付得來。

如果一件事情，是你喜歡做的，
你一定要無所畏懼地堅持下去，
放心，不會錯，
這樣的努力，多半會有好的回報。

大多數事情，
不是想明白後，才覺得無所謂，
而是，
無所謂之後，才突然想明白。

對於喜歡的人和事，
遇到了，就伸手擁抱吧！
別猶豫。

一輩子，
總要為了自己喜歡的人，
奮不顧身一次，
當然，也可以是兩、三次。

改變生活，不如先改變自己。
改變自己，就是在改變生活。

過往的日記偶爾翻翻便可，
不糾纏，
與歲月和解，與自己和解，
讓往事隨風。

明天的願景偶爾想想即可，
不沉迷，
降低期待，少一點憧憬，
讓未來慢慢生長。

像大人一樣生存，
像孩子一樣生活。

願你一直保有赤子之心，
在寡淡的日子裡品嘗出甜蜜，
在平凡的生活裡找尋純真的快樂。

Chapter 1

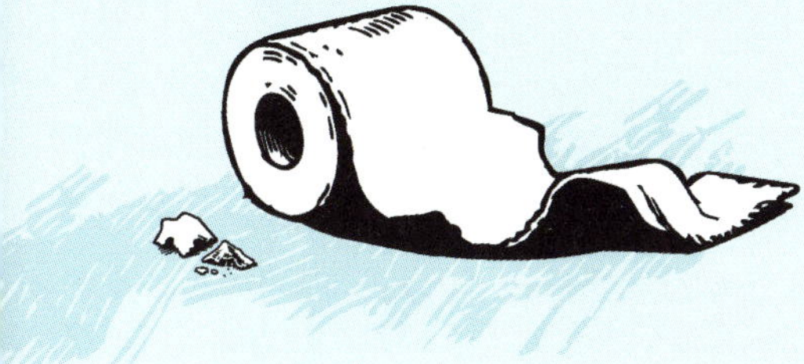

就做你自己，
奇怪一點也沒關係

就做你自己，奇怪一點也沒關係

01

有一年冬天，我買了一件顏色特別誇張的大毛領外套，但一直都沒有勇氣穿出去。

因為怕出門看到別人奇怪的眼神，心想這個傻子為什麼穿這樣一件衣服？雖然時常會想，人為什麼要那麼在乎別人的眼光？只管做自己不好嗎？但是，在生活中，卻總也跳不出那個被設定的框。

很多女孩大概和我一樣，不敢挑戰被質疑、被否定、被討厭的那條底線，甚至為了迎合別人，不惜改變自己。

🐾

朋友云云從小不喜歡吃甜食，也從不喝奶茶，這種飲食習慣一直以來沒有給她帶來過什麼困擾。當奶茶被新聞爆出含種種不健康的成分時，她還暗自慶幸，幸好自己不喜歡奶茶。

這一切都在她進入一個新的工作單位後被改變了。

辦公室裡的年輕女孩比較多，云云發現，奶茶簡直是這些女同事的「續命神器」。

剛上班的時候要點一杯奶茶，小小開心一下；下午累的時候要點一杯奶茶，緩解一下疲乏；晚上加班的時候要點一杯奶茶，犒賞一下自己。

開始的時候，大家點奶茶還會問她：「云云你要什麼口味？」云云都不好意思地拒絕了，說自己不喜歡喝奶茶。

慢慢地，大家都默認她是不喝奶茶的，後來，有同事專門建了一個奶茶群組，也沒有人拉她入群。

每當辦公室裡不約而同發出低笑聲時，云云就知道她們又在群裡閒聊。

這種時候，大家都有理由笑，唯獨她只能低頭故作沉默。

後來，云云想，不就是一杯奶茶嗎，總比孤獨的滋味要好吧？

於是，云云開始主動點了奶茶請大家喝，幾次下來，終於打破了許久以來的孤立感，她自然而然地被請進了群組聊天。之後的每天，她一邊陪著大家閒聊，一邊喝著難以下嚥的奶茶，仔細想想，這樣的日子似乎也沒比之前開心多少，甚至好像更不開心了。

為此，她腦子裡冒出了辭職的念頭。

但為了一杯奶茶就辭職，這個理由是不是太草率了？

「合群」更像是成人世界裡的一個謊言，**盲目合群是一個人平庸的開始**，它會蠶食你的思想，讓你習慣於隨波逐流，變成一隻唯唯諾諾的溫順綿羊。等群體散去，留給你的只剩下刻進骨子裡的討好和貧瘠的過往。

站在人群裡，和別人保持一樣，看起來似乎是安全的，其實不然。但為了這份「安全」，還是有人寧可被一杯奶茶打敗，最後失去了自己。**這是因為做自己，做特立獨行的自己，需要龐大的勇氣和足夠的智慧。**

還記得王小波筆下那隻特立獨行的豬嗎？[1]對於大多數的豬來說，活著就是為了長肉，然後等長到圓滾滾的時候就會被殺掉成為別人餐桌上的肉，這是豬的宿命。

但是，有一隻豬不願意接受這樣的命運。牠作為註定要被吃掉的豬，卻長得又黑又瘦，雙眼炯炯有神。牠能嗅出危險的氣息，會跳躍，會發出拖拉機、汽車的各種聲音。

當牠被十幾個人捕殺的時候，牠逃掉了。最後，牠長出了獠牙，隨心所欲地

1　編註：王小波以詼諧的筆調描寫了一隻拒絕被命運左右、不願順從命運成為肉品的豬，象徵敢於對抗平庸、追求自由的精神。

享受陽光，在野地裡自由自在地奔跑。

這是一隻特立獨行的豬，牠沒有重複普通豬的命運。在別人眼裡，牠很奇怪，但牠為自己贏得了自由和寶貴的生命。

作為一個女孩，要想在這個世界上像這隻特立獨行的豬一樣「長出獠牙」，恣意瀟灑，確實沒那麼容易，但那碧海藍天的自由，也確實值得你傾力一試。

02

一個朋友託我去某師範大學網路教育直屬中心諮詢學歷報考的事。我去的那天，正好趕上一些畢業生領畢業證書，有很多學生在校園裡穿著學士服拍照留念。

和普通大學畢業生不同，這批拍照的畢業生，有些人看臉龐就明顯感覺已經不年輕了。走到樓梯口，甚至還有一個穿著學士服的老人，她一邊整理著學士帽一邊從樓梯上走下來，看上去得有六十多歲了。

她整理好學士帽，抬起頭，恰好和我的視線對上。她的眼睛裡滿是笑意。正盯著人家看被發現，我尷尬地微笑了一下，以示禮貌，她也朝我點頭微笑。

找到招生老師的辦公室，問了相關事宜後，我忍不住好奇，問來學習的人還有很大年齡的嗎？

招生老師說：「有的，今年的畢業生年齡最大的都六十四了。」

「我剛才來的時候，在樓梯碰見一個阿姨，看著年齡挺大了。」

「對，就是她，這位阿姨很了不起。她一直在做幼教老師的工作，原來只有專科學歷，現在，這是她考的第二個學士學位了。」

「那麼大年紀了，考一個學位都很不容易了吧？」

「可不是，她平時還得帶孫子，真是太不容易了。」

一邊帶孫子，一邊學習？

我腦海中不禁浮現了一幕場景：一個頭髮花白的老太太，一邊忙著照顧孫子的吃喝拉撒，一邊還得抽時間背書學習，參加考試……

這在常人眼中，一定是怪異無比的存在吧。

如果把自己的人生比作一座大山，我們真的無須在乎自己在別人眼裡是什麼樣，我們只需做自己人生的主角，全神貫注去攀登自己認定的山峰就行了。

不過，我們也不要把「特立獨行」誤會成「與眾不同」，不能僅僅為了引人注目，做出一些特別奇異的行為。

03

有次下班路上碰到幾個女孩，一個女孩穿著抹胸，戴著碩大的耳環；一個女孩穿著破洞牛仔褲，細長的手指正把一支菸從鮮紅的嘴唇上移開，臉部微微上揚，滿意地朝天空吐出幾個菸圈；還有一個女孩頂著一頭挑染了綠色、紅色、黃色的頭髮，幾縷長長的頭髮掠過額頭，貼在右臉頰。她們邊走邊很大聲地說話，很大聲地笑。與她們擦肩而過時，我還清晰地聽到破洞牛仔褲女孩吐出了一串髒話。

可能她們覺得這樣很酷？是不畏世俗眼光的特立獨行？

當然，我並不是說這樣的穿著打扮不行，只是再搭配上「吞雲吐霧」和滿口髒話，這樣的特立獨行就不過是為了標榜自己的個性而進行的表演，是「膚淺」

的另一個外殼。

我認為，**真正的特立獨行是低調而內斂的**，是知道自己要什麼，並且不受外界影響，能堅定前行的身影。

別的女生都在「刷爽劇」、談戀愛，只有你形單影隻，每天去圖書館埋首苦讀，讓人覺得你很不合群，「她可真奇怪」。

別的女孩都在社群貼文曬吃的、曬玩的、曬努力、曬成績，只有你什麼都不說，沉靜而篤定，顯得很高傲似的，「她可真奇怪」。

別的女孩都在忙著學習穿搭化妝，研究新出的幾款粉底哪個更服貼好用，只有你素面朝天，一年四季牛仔褲，顯得格格不入，「她可真奇怪」。

但，對於這種「她可真奇怪」的評價，你若放在了心上，它就不只是別人給你貼的標籤了，更是你給自己上的枷鎖。

卸掉枷鎖，你才能獲得自由。

知道自己是誰，知道自己想要成為誰，不在意別人的評價，只在乎自己內心的答案。

勇敢做自己，你終將綻放屬於自己的美麗。

01 活在自己的熱愛裡，而不是別人的眼光裡

「又入手新寶貝嘍！」點開大學舍友亞楠的社群貼文，看到她又在喜氣洋洋地曬模型車。她收藏模型車的愛好有十幾年了，家裡的一面牆被她打成格子櫃，放了整整一面牆的模型車。

她的家人和朋友一直無法理解，一個女孩收藏一堆汽車玩具有什麼實際意義。「不像個女孩子」、「浪費錢」、「浪費時間」，是別人給她貼的標籤。

我還記得她大學時買第一個模型車，花掉了一個月的生活費。沒錢去餐廳吃飯，她每天到了吃飯時間，就買兩饅頭回寢室，一邊就著鹹菜啃饅頭，一邊抱著她的新模型車翻來覆去地欣賞，看著看著就傻笑出聲，一副花癡樣。

我看不出那個模型車和普通的玩具車有什麼不同，提出質疑：「這麼一個模型車值一千塊錢？你別是被坑了吧？」

她把模型車小心翼翼地舉到我的面前，說：「絕對值！你看，這車身多有質感，連車窗顏色都是少有的透明天藍色。看這兒，還有一個小豬頭，小巧玲瓏，可愛死了！」

我表示不懂，也無法理解。

她說：「這模型車就是我男神，那感覺，你懂了吧？」

後來，她還在網路上開了專門分享模型車的帳號，當粉絲知道她是女孩後，有人不屑，有人不解，也有人讚賞。對於那些比較負面的評價，諸如「偽收藏」、「蹭流量」，她不隱藏也不刪除。

她說：「外界的聲音只能作為參考，如果我不開心的話就不參考。」

是啊，如果你的愛好沒有打擾到別人，那就不需要別人理解，更不需要懷疑自己是否應該繼續做自己熱愛的事。

一旦把做事的評判標準交給別人，就喪失了把握自己生活的主動權。

02

剛到北京那幾年，很多親戚朋友聽說我在北京工作後，都來打聽我的情況。一聽到我在北京做的是基礎的文字工作，他們都對此嗤之以鼻，覺得在北京要做就得做能賺大錢的工作。

別人不知道的是，我很珍惜也很熱愛這份工作。很少有人能一畢業就找到自己喜歡的工作，並願意為了這份熱愛的工作去付出努力。

從那時開始，我養成了每天創作的習慣，經常在自媒體平台上記錄自己的生活。有一次，我做了個奇特的夢，發在社群平台後我把它分享到了朋友圈。不一會兒，朋友圈下面的評論像炸了鍋一樣。

「你怎麼還有心思寫這些無關緊要的東西啊，真是閒的！」

「夢有什麼好記的，把功夫用到考技能證書上不比這強？」

「大作家開始她的表演嘍，自己寫寫不就好了，幹麼還要發出來給這麼多人看啊。」

這些評論者像入侵者一樣闖入了我精心經營的花園，他們在裡面隨意踐踏我辛辛苦苦種的鮮花，還要對它們大肆品頭論足。可我只是笑了笑，並沒有回應什麼，只是以後再沒有在朋友圈裡分享過這些。

懂你的人，你什麼都不說，他也可以心領神會；不懂你的人，即便你解釋八百遍，也不過是對牛彈琴。

寫作早已成為我的一種習慣，這是我一直以來熱愛的事，不管別人怎麼看，我都會堅持寫作。別人不一樣的聲音並不會影響我做自己所熱愛的事。

萬事不敵我喜歡。嘴長在別人身上，外界怎麼看你無關緊要，日子是自己過的。不要讓別處滴落的雨滴，打濕自己的衣裳。

找到自己心中熱愛之事，為此付出時間、付出精力，無須理睬他人的眼光，只管找準方向繼續做下去。周國平在《人與永恆》裡說：「被人理解是幸運的，但不被理解未必不幸。一個把自己的價值完全寄託於他人理解上的人，往往並無價值。」

取悅別人，不如取悅自己。

聽從別人的想法，不如聽從自己內心的聲音。

03

我有一個同事，他曾經被別人嘲笑英語發音不標準，從那以後，他便不敢當眾說英語。他本來有去國外留學的想法，卻因為這件事不敢再說英語，這導致他的口語成績一直通不過，自然也沒能實現出國留學的夢想。

很多人一旦在意了別人的看法，便會一直抬不起頭來，不能跟隨自己的內心去做事，更不用說去做自己熱愛的事。

把自己的人生，活成別人滿意的樣子，這豈不是太得不償失了。

如果因為受到他人的影響，破壞了自己的好心情，甚至因為隨意聽從了他人的建議，偏離了自己原本認定的方向，最終做出了錯誤的決定，不僅耽誤了時間，浪費了精力，更是對自己的人生不負責任。

英國作家曼迪．霍爾蓋特曾寫過：「過分在意別人的想法……最糟糕的情況是，這會導致一定程度的拖延症，讓一個人無法採取任何行動，一會兒幹這個，一會兒幹那個，完全沒有真正的目的或重心。」

找到自己的心之所向，不理會旁人的想法，才是我們每個人都該做的事。

當你活成了自己熱愛的樣子後，你會發現，人生是如此多姿多彩。

無關他人，你要成為更好的自己

01

「女孩就是要留長頭髮、穿裙子。」

「女孩畢業後找完工作，就該馬上結婚生孩子。」

「女孩就得溫柔一點，不能個性張揚。」

「女司機開車肯定不妥當，女玩家玩遊戲肯定很爛。」

這些關於女性的刻板印象，一直都存在於我們的生活當中，世俗對女性的偏見和期待，成了她們身上沉重的無形枷鎖。

我閨密的同事佳佳從小在父母的嚴格要求下成長。她從小就是「資優生」，每週末都要去上父母給她報的多個輔導班，她一路綠燈，最終考入知名大學，並讀完了研究所，順利入職了一家外商公司。

很多人都羨慕她優秀的經歷，可她卻說她的生活中沒有一樣是自己選擇的，就連穿什麼襪子，用什麼樣的水杯，買什麼樣的髮飾，都是媽媽幫她安排好的。有一次，她在飾品店看上一對造型非常奇特的大耳環，簡直讓她愛不釋手。可等她買下來拿回家後，卻被媽媽劈頭蓋臉地數落了一頓。

「你戴這種耳環也太招搖了！當初背著我偷偷去打耳洞已經很過分了，平時戴個低調的耳釘也就罷了，現在可倒好，還買了這麼顯眼的耳環，在大街上你不要叫我媽！我丟不起這個人！」

說完這件事後，她又回到了那個愁眉苦臉的狀態中去工作，因為她現在的工作是父母強制安排的，她並不喜歡這份工作。

即使已經上了班，回到家她也不能放鬆。媽媽會像審訊一樣詢問她一天的工作情況，每天都做了什麼工作，進度是什麼，在工作中學到了什麼……佳佳每天都要回家「彙報」自己的工作，她覺得自己實在是太疲憊了。

所以，她寧願在公司加班，也不願意早回家。

有時候，她也會忍不住和媽媽吵一架。但吵完後，看著媽媽傷心的樣子，她又忍不住很內疚。媽媽都是為自己好，自己不領情是不是太沒良心了？

大多數女孩子都是這麼矛盾吧？

一方面，她們很聽話，願意努力去滿足父母的期待，但同時內心也藏著做自己的想法，想拚命反抗父母的束縛。另一方面，她們又特別敏感和心軟，當自己努力了也沒有達到父母的期望時，就算父母沒有表現出失望，她們也會痛恨自己，對父母產生愧疚。

於是，她們按著父母的計畫，一路向前。一切的努力和辛苦，能換得父母的一個讚揚，一個肯定，就感覺值得了。我們小的時候，需要被父母牽著學走路，但當我們長大了，就要學會放開父母的手，自己去走路，去尋找自己的人生。

也許，父母的影響一直都在，甚至很難擺脫。在你試圖擺脫父母影響的過程中，可能會有讓他們感到失望、傷心、失落的時候，但你若不能順從內心，日子就會過得很糾結，很痛苦。

其實，我們忘記了，父母的初心，也並不是想培養一個完全沒有主見的孩子。如果你因父母的影響不開心，甚至鬱鬱寡歡，相信那絕不是父母想要的結果。

楊絳[2]曾寫道：「我們曾如此渴望命運的波瀾，到最後才發現，人生最曼妙的風景，竟是內心的淡定和從容。我們曾如此期盼外界的認可，到最後才知道，世界是自己的，與他人毫無關係。」

終其一生，我們就是為了擺脫他人的期待，成為真正的自己。

02

無意中看到一個日本的短片《有態度的玩偶》（The dolls with attitude），

短片女主角繪理的小金魚被同學弄死了，她內心很是難過，很想把那個同學大罵一頓。但當對方內疚地說：「繪理，對不起。」繪理隱藏了憤怒，掛上了笑容：「沒關係，真的沒關係，我再買一條就好了。」

從此，繪理發現微笑是改善人際關係的神器，可以化解一切矛盾，可以讓自己受所有人的歡迎。「繪理，你真可愛」、「繪理，你真好」、「繪理，你的笑容真美」，因為微笑，繪理變成了大家的偶像，成了人人爭著去效仿的好女孩。

結果，繪理變成了一個只會微笑的娃娃。

在自己的演唱會上，繪理當著所有粉絲的面，親手敲碎了自己的娃娃臉。面具之下，是深不見底的黑洞，讓人不寒而慄。繪理大喊：「不要變得和我一樣，請不要失去自我！」

2 編註：中國作家、翻譯家、戲劇家，著有散文《我們仨》、哲思之作《走到人生邊上》，並翻譯經典名著《唐吉訶德》，其文字深刻細膩，擅長描寫人生智慧與世態人情。

記得《魯迅日記》中有這樣一句：「面具戴太久，就會長到臉上。再想揭下來，除非傷筋動骨扒皮。」**活在別人的期待裡，有一天，你就會忘了真正的自己。**

你需要對人微笑，但不需要在所有時間裡對所有人都保持微笑。你不必為了不能滿足別人的期待而感到抱歉。

就像電影《無問西東》裡的那句台詞：「愛你所愛，行你所行，聽從你心，無問西東」。有時候，你得有點自己的堅持，或者自己的小脾氣。

03

同學小柔，結婚生了孩子，老公希望她辭職回家帶孩子。雖然她也很想多陪伴孩子，但打心眼兒裡不願意放棄工作做全職太太，不願意自己的生活就是整天陪孩子，圍著廚房轉。最後，她請來婆婆幫忙帶孩子，考慮到婆婆年齡大了，又請了個保姆白天幫忙。

如今，她化著淡妝，踩著高跟鞋，在職場走得篤定從容。

上大學、談戀愛、結婚、生孩子、成為全職媽媽，為孩子耗費了一生的心力……有多少女人在重複著相似的命運？

但，這真的是每個女人都想要的人生嗎？

生活中，別人對我們有所期待，是一種常態，但一直活在別人的期待裡，就成了一種束縛。當別人的期待和自己想要的不能契合時，請一定要忠於自己。

當然，要做到不被別人的期待所束縛並不容易，甚至很難。因為當事情落到自己頭上，自己就沒有事外之人的輕鬆和客觀，無法以置身事外的角度去思考問題。

但我們仍然要努力成為更好的自己。你可以試著先從一些小事著手，逐漸培養自己的主見，鍛鍊敢於堅持的能力。

比如，試著去表達不同的見解。和父母、朋友、同事聊天，聽聽他們的意見，認同的時候點頭，不認同的時候也沒必要附和。而且，你也可以提出自己的見解和想法，不要擔心會被反對或者嘲笑。

比如，記錄自己的真實想法。有時候並不是我們沒有主見，而是我們根本不知道自己的真正想法，或者不知道如何表達。不妨利用一點空間的時間，安靜下來，梳理一下自己的內心。比如對於相親這個問題，問問自己是真的不想談戀愛，還是很排斥這種找男朋友的方式。了解自己內心所想，才能做出最佳的選擇。

比如，每天做一件自己喜歡的事。做不喜歡的事，總能快速消耗一個人的能量，讓你精疲力竭；而做喜歡的事，雖然也會費神費力，但內心快樂，精神愉悅。每天做一點自己喜歡的事，讓自己愉悅起來，這是變得優秀的開始。畢竟，可以肯定的是，每天愁眉苦臉是沒辦法讓你變得更好的。

比如，學習一點說服別人的小技巧。多數時候，堅持自己並非是要一意孤行，好的堅持需要更多人的支援。所以，你需要學一點說服別人的小技巧。比如你希望畢業就開始工作，而父母則希望你去考研究所。不同的溝通方式，決定著你是高高興興去找工作，還是滿腹怨氣去考研究所。

比如，給未來的自己寫封信。不管大小，總得有個目標，目標是指引你變優秀的明燈。找張漂亮的信紙，寫下你的目標，可以是一個月內要實現的，可以是三個月的，也可以是一年的。定下開啟的日期，封口，然後開始為此努力。

不必抱怨父母、男友等外界給我們的壓力，我們要清楚自己人生的劇本，做自己人生的主角。

不管別人對我們心存什麼樣的期待，我們都不是為了滿足別人的期待而活。

所以，**不必為了做自己，而對誰感到抱歉**。

好起來的從來都不是生活，而是你自己

01

最近在樓梯間裡，我總能碰見住同一棟樓的一個姊姊，她好似變了一個人。我們聊天時，她說的最多的一句話就是：「感覺生活變得好起來了。」

她父親的工廠去年破了產，丈夫做生意也賠了錢，她的工作遇到了瓶頸，孩子快要考大學了可是成績怎麼都提不上去……這些事情讓她曾一度對生活失去了信心。那時候，經常能看到她愁眉苦臉地在社區裡漫無目的地走來走去，像丟了魂兒一樣。

後來再見，她一掃之前的陰霾，渾身上下都散發著滿滿的活力，肉眼可見整個人都明媚了不少。

她跟我說，現在她面臨的情況其實還是和之前差不多，只是自己想開了。現在學業壓力大，很多孩子都得憂鬱症了，兒子上個普通大學也沒什麼大不了，孩子身心健健康康比什麼都重要。

她也對她老公說，生意賠錢了也沒什麼大不了，再苦也沒有以前創業時的日子苦。再說自己現在過得也不差，有房住，有車開，挺好的。

至於自己的工作，她努力做好分內的事，不苛求自己，也不再和自己較勁。畢竟，年輕人進入職場，敢衝一點，衝擊和汰換一些舊的東西，也屬於正常的「新陳代謝」。自己年輕的時候，不也一樣嗎？

當期待變低，她發現一切都不一樣了。

原來讓人難以忍受的事情，居然也挺可愛的。比如，兒子週末的時候，會起床幫全家做早餐。這要換以前的她，肯定會嘮叨孩子還不如去背單字，現在她會誇獎兒子懂事，真心享受兒子做的早餐。看著兒子臉上的笑容，她覺得和兒子這樣溫暖相處，就是很美好的事情。

生活似乎還是原來的樣子，只因轉變了一種想法，她的心情就一改灰濛濛的顏色，變得繽紛絢爛起來。

為什麼要垂頭喪氣地度過每一天呢？一切的一切，都不如你開心地度過當下的每一天重要。**既然沒有辦法立刻改變事情本身，那就馬上轉變看待它的態度。**用輕鬆的心態去看待生活，生活自然會更加明媚。

生活就像盒子裡的巧克力糖，你不知道下一塊會是什麼味道，但總有人在任何處境下，都選擇相信下一塊巧克力是甜的。

仔細想想，**其實生活並不會自己變得好起來，好起來的是你自己**。

02

朋友香香無比熱愛咖啡，最大的愛好就是窩在咖啡店，她說自己人生的終極夢想就是開一家專屬於自己的咖啡店。

結婚的時候，男方給了她五十萬元的聘金。她的媽媽沒有要這筆錢，而是給了她，讓她做點自己喜歡的事。她想：我喜歡的事，就是開一家咖啡店。心動了這麼多年，終於可以行動了。

但這五十萬元明顯不夠開店，她又拉了一個朋友入股。兩個人湊了一百萬元，選址、裝修、預熱，忙得七葷八素，香香夢想中的咖啡店終於開業了。

可惜的是，理想很豐滿，但現實很骨感。咖啡廳開業後，沒什麼人來。大多數時候是香香一個人在咖啡店枯坐一天，沒有一個顧客，營業額零元。香香因為開咖啡店，把原來的工作辭掉了，此時她沒有一點收入，還要應付咖啡店的各種支出。

香香急得晚上睡不著，頭髮掉得厲害，整個人憔悴不堪。她老公建議她關掉咖啡店，及時停損。無奈之下，她和朋友也只好聽從了建議。

家人沒有過多地埋怨香香，但香香為開店的損失感到十分愧疚。而且，本來丈夫收入還不錯，結果因為產業不景氣，公司很多訂單都取消了，丈夫的收入也直線下跌。

香香想儘快找個工作，彌補內心的虧欠，也緩解一下家庭的經濟壓力。結果，投了上百份履歷，卻連面試通知也沒收到幾個。兜兜轉轉找了一段時間，也沒找到合適的工作。正在這焦慮不安的時候，她又無意中聽到，公婆給老公打電話，讓他把之前辦婚禮借的錢還了。

香香覺得自己都快要憂鬱症了。她向媽媽哭訴，媽媽卻說：「閨女啊，你怎麼分不清輕重呢？現在重要的是保持健康，賺錢的事，以後再說，現在你又不是過不下去了。」

香香一琢磨，還真是這樣。

她不再因為無事可做睡到日上三竿，而是七點半按時起床，拉著老公一起對著電視機做健身操。廚房的馬鈴薯發芽不能吃了，她乾脆切開，種在花盆裡，讓它恣意生長。

她開始學習做菜。雖然食材不多，但也有模有樣地做成了蒜蓉茄子、紅燒排骨。吃著自己做的菜，她決定以後要徹底告別外賣和速食。老公老家是山東的，喜歡吃麵食，她便開始學著做饅頭、捲餅、麵條。

有一次，她買了幾個火龍果，按照手機影片中的做法，做了玫瑰花卷，被老公大加讚賞。她還嘗試著學做油條，但沒成功，口感很硬，一點也不像外面賣的那樣酥脆，老公給她的油條取名「棒棒油條」。不過，兩個人吃得還是很開心的。

她也開始看書，很久都沒看紙本書了。之前上學時買的《喜寶》、《流浪的麵包樹》、《魯迅全集》都被她翻了出來，窩在沙發裡看，感覺紙張都很有質感。

居家一段時間，香香發現每個人過的日子都差不多。工作時，大家都是上班、回家、上班這樣「循環播放」，待業時則變成了居家「單曲循環」。不同的是，每個人對這個轉變的心態不同，感受也大不相同。

時間滴滴答答不緊不慢地逝去，一直待在家裡，誰不為柴米油鹽操心？誰不為未來焦慮迷茫？誰沒有遇到過生活的坎兒？**生活對任何人來說，都不那麼輕鬆，甚至足夠沉重**。但即使每日怨天怨地，痛哭流涕，也不會改變任何現實。

倪萍的《姥姥語錄》裡有一句話：天黑了，誰能拉著太陽不讓它下山？你就得躺下。孩子，不怕，多黑的天到頭了也得亮。

生活總會好起來的，前提是你自己先要站起來。

一個人只有心態變好了，才能在困境中發現生機，一切才會順暢起來。

03

改變生活，不如先改變自己。

改變自己，就是在改變生活。

如果你覺得生活很無聊，那就在工作之餘多出去走走。有錢就去遠一點的地方，體驗不同的城市，感受不同國家的風土人情。

沒錢也沒關係，家門口的公園一樣可以釋放心情，緩解壓力。因為你所在的地方，對別人來說，就是遠方。

看似熟悉的公園，裡面的花草樹木你都能叫得出名字嗎？四季更迭的變化，你記錄了多少？有一顆發現美的心，小公園裡也藏著遠方的風景。

如果你覺得內心匱乏了，那就讀讀書，小說、散文、歷史，能入你心即可。

持續大量地閱讀，不僅僅是帶給你一時的平靜與喜悅，還能拓展你的視野。比如，你在旅遊雜誌上能了解很多地方的風俗文化，在感慨世界之大的同時，你也會變得更包容。

如果你覺得自己的經歷很乏味，那就多留心細節。那些一波三折、妙趣橫生的人生畢竟是有限的。

多數人過的都是平凡而無波無瀾的日子。沒有什麼天大的好運，那就關注生活中小小的驚喜。路邊搖擺的垂柳，一束花的香味，陌生人的一個微笑，朋友善意的一個提醒，媽媽做的飯菜，丈夫給的一個擁抱……這些組合起來，就是幸福。

做一個向陽而生的人。難過時，要多給自己一些期盼，多在生活的細微處發現快樂，感知溫暖，尋找美好。

生活還是原來的樣子，我們卻可以報以熱情。羅曼．羅蘭（Romain

Rolland）說過：「**生活中只有一種英雄主義，那就是在認清生活真相之後依然熱愛生活。**」

我們蹚著歲月的河流，走在淺淺的時光裡，路上掛著一幕幕輕紗，薄薄的一層又一層，有時掀開是繁花似錦，有時掀開是愁斷人腸。無論是哪一種，當我們努力讓自己變得美好一點，生活的盲盒裡就會裝滿自己想要的禮物。

不跟別人比，好好做自己即可

01

假期回老家休息了幾天，偶然碰到了小時候的一位鄰居阿姨，簡單聊了幾句。

她一臉羨慕地說，瞧瞧你在北京工作就是不一樣，就是會說話，不像我家那個孩子，在鄉下地方上班，薪資低，也沒什麼前途，哎。

我說自己也是混口飯吃，做的工作也看不到什麼前途。她就說：「你們這些女孩子啊，不知道婚姻是二次投胎嗎？你看麗麗，你們小時候一起長大的吧？嫁了個富二代，車子、房子都有了，光聘禮人家就給了一百萬元，嘖嘖……」

我無奈地笑笑，敷衍了幾句，就藉故離開了。

在印象中，似乎每個孩子的童年都有一個「別人家的孩子」，他、她懂事聽話學習力又好，似乎無所不能。

每次犯錯誤，甚至在日常生活中，父母都會拿這個「別人家的孩子」和自己做對比。比成績、比能力、比獲得獎狀的多少，長大之後又開始比學歷、比薪資待遇、比婚姻……這個「別人家的孩子」，彷彿就是人生中的一個噩夢。而噩夢的根源，是家長們無休止的攀比心。

🐾

高中同學娟娟，畢業後沒上大學，早早就結婚生子了。在家帶了幾年孩子，後來孩子大了，她又出來工作了，在一家大型超市做收銀員。

有一次，高中的班長在春節期間舉辦了一次同學聚會。那年，我在北京沒回去，就沒參加。

聽說娟娟去了，但整個聚會中與她攀談交流的同學很少，這讓她越發覺得自己很可笑。有個曾經關係不錯的同學問她現在在哪裡高就，不少目光跟著投過來，她只能實話實說，自己是個收銀員。空氣有那麼一剎那的停滯，瞬間令她羞紅了臉。

後來，娟娟退出了高中群組，不再和任何高中同學聯繫。

如果攀比成了一種習慣，心中自然不會感受到快樂。因為沒有人能夠站在世界之巔，永遠都有別人比自己強。坦然接受自己就好，不必與別人做比較。

02

當一個人追求的不是自己的幸福，而是比別人更幸福的幸福，那他的生活就會一直在緊張、焦慮之中徘徊。

如果每天都去和別人比較，一段時間之後，你就會發現自己的生活根本就不是自己的，而是別人的。

你可能沒有想過，與別人比較，你是真正地快樂，還是只是暫時獲得一種虛榮的滿足感？

每天都在拚命地證明自己，追逐著別人的腳步，內心永遠充斥著焦慮和不安，享受生活對你來說根本就是奢望。

在網上滑到這樣一個影片：女孩小娜的男友是個裝修工，雖然兩個人的日子過得並不富裕，卻十分恩愛。小娜經常去工地看男友，男友每次一看到小娜來，就會趕緊洗乾淨髒兮兮的臉，帶她去吃好吃的。

故事的開頭總是美好的，原以為小娜和男友會一直幸福地生活下去。但當小娜知道閨密的男友是個富二代時，她的內心慢慢發生了改變。

「小娜你看，這是我男朋友剛給我買的新款羊毛大衣，限量款哦，是不是特別好看？哦對了，上個星期他還帶我出去旅遊了呢。」聽著閨密說起她的近況，小娜不由自主地覺得心裡很不舒服：「憑什麼我們長得差不多，並且關係還這麼好，可她卻找了個富二代，過著那麼好的生活，我的男朋友卻是個裝修房子的工人，我只能每天陪著他吃苦，過著一眼望不到頭的苦日子？」

這樣的想法，在小娜的心裡不斷發酵，她開始越來越嫉妒閨密的生活，也開始痛恨自己男友的窮，抱怨命運的不公。

終於，小娜還是跟男友分了手，但整個人卻變得更加垂頭喪氣了。

青春文學作家八月長安曾經寫道：「最快樂的生活，是別人的生活。」不得不承認，在大多數人的認知裡，別人的生活總比自己的美好，別人的日子總比自己的自在。

我們總是在欣賞別人，挑剔自己。於是逐漸地，我們就忘記了自己的樣子，忘記了自己本該追求的目標。

03

記得在上學的時候，我坐公車回學校，前面的座位上坐了一對小情侶，一直在嘰嘰喳喳地小聲說話，十分親密。突然，靠窗的女生一臉羨慕地說，她的室友前兩天過生日，男朋友送了一個幾千塊的包包給她，並且問男生什麼時候能送她一個那樣的包包。

男生只是笑了笑，將這句話當成了一句玩笑話。誰知女生不依不饒，非要男生說出一個具體的時間。男生在一旁好生安慰也不見效果，後來矛盾激化，兩個人吵了起來。

女生哭著說男生不夠愛自己，難道兩個人的感情連一個買包包的承諾都比不上嗎？

到站之後，女生奪門而出，男生只好無奈地追了過去。

膚淺的羨慕，不會帶來幸福，只能徒增煩惱，使自己與幸福擦肩而過。

我們習慣性地讓自己站在低處，然後仰望別人的幸福。不停地比較，不斷地追趕，結果卻只能讓自己在生活中過得疲憊不堪。

每個人有每個人的路要走，不必看別人的成績，只要專注於自己腳下的路就好了。

04

我老家的一個親戚，想改善家裡的條件，於是毅然決然去杭州開網路商店賣衣服。那時候，在網上開店還屬於新興行業，她身邊沒有人有開網店的經驗，她每天凌晨兩點才睡，早上天不亮就起床，到處上課找人諮詢，獲取經驗。

剛到杭州的時候，扣掉房租，還要吃飯，交水費、電費，她每天吃兩個饅頭，餓了就瘋狂喝水，把自己灌到飽，就這麼硬生生地扛了三個月。

功夫不負有心人，通過不懈的努力，她在短短三個月的時間裡，就把自己網店的等級升到了四個鑽。她的朋友問：「別人的網店都滿鑽了，銷量比你高那麼多，你怎麼還是不緊不慢的，一點不著急？」

她說：「當我專注於做自己的事的時候，從來沒有考慮過別人會如何，別人的成敗對我來說只有借鑒作用，可我不會去跟他們比成績。」

比別人好的時候，要不驕不躁；不如別人的時候，要不氣餒、不沉淪，也不要眼紅妒忌。

靜下心來，就會發現，很多東西本身就不存在比較的必要。

05

大學的時候，有一位女同學的日語水準很好，但她學日語的方法卻出奇地簡單——每天用半個小時練習。

我另外一個同學為了給自己未來的履歷增色，決定也去學日語。為了超越那位同學，她打算每天用三個小時的時間學習日語。她是這樣想的，自己每天學習三個小時，怎麼也不會比那位同學差。

一開始，這位同學確實能做到很自律，每天堅持花三個小時學習日語。但是沒過幾天，她就堅持不下去了，有時還要兼顧其他的事情，很難維持三小時的學習時間。然後，她也發現自己的日語水準雖然小有進步，卻實在還拿不出手，這令她很是煩躁，便就此放棄了。

多年之後，那位每天學習半小時日語的女同學水準依然讓人羨慕，且到了讓我們望塵莫及的地步。

人生的道路應該慢慢跑完，持之以恆，而不是剛開始跑得飛快，後面卻舉步維艱。放輕鬆，別去和別人比較，你沒有落後，也沒有領先。在命運為你安排的屬於你的時區裡，一切都是準時的。

北京大學的三位女學生和日本社會學家上野千鶴子的對談，曾引發了廣泛熱議。幾位女性的言語中，表現出已婚女人極強的做自己的渴望。

她們問道：「我們這些已婚人士，是不是在進行一種愚蠢的幸福？」

上野千鶴子卻說：「我心目中的女性主義，是追求自由的思想，只要自由自在地活著，怎麼樣都可以。」

追求自由的前提，是做好自己，不去關注別人的生活，而把重心全部放在關注自己的生活上。你有你的快樂，我有我的幸福，誰也不必仰望誰。

別人的幸福是穿在別人腳上的鞋，硬套在自己腳上，未必合適。

06

我每天總是會滑一下朋友圈的社群帳號，看一下朋友們最近的情況。我發現，很多朋友發文，時間都在晚上，甚至凌晨，有的在加班，有的在上課。

說實話，每次看到身邊的朋友都在拚了命地努力，我會不由自主地產生一種深深的焦慮感。因為網上有一句話說：就怕比你優秀的人還比你努力。

可是反過來想想自己的生活習慣，發現我似乎並沒有浪費太多的時間。每天早上八點起床，晚上十二點睡覺。我也曾試著五點或者六點起床，然後利用這些時間學習，充實一下自己。不過這樣反倒打破了我的生理時鐘，不僅白天無精打采，晚上在書桌旁也是哈欠連連，無法集中精神做事。

後來我便放棄了這種想法，我決定還是回歸到自己的生活節奏上。我十分清楚，自己的努力極限並不在時間上，而是在思維方式上，我不能盲目地用戰術上的勤奮去代替戰略上的懶惰。只要找對了方式，一切便會水到渠成。

作家三毛曾說：「學著主宰自己的生活，即便孑然一身，也不算是太壞的結局。」按照怎樣的節奏努力精進，就會有怎樣的人生縮影。當然，所謂精進不是超越別人，而是勝過從前的自己。

所有的成功皆是比昨日走得更穩妥，邁著小小的步伐，款款而來，然而某天回頭望去，身後已是一片生機盎然。

你的人生，不需要向任何人解釋

01

剛工作時，最盼望的就是春節回老家，可以躺吃躺喝，享受被投餵還不用打掃的日子。

但這幾年我特別害怕回老家。誰見著我都會拽著我問：「怎麼還不找對象？」、「怎麼還不結婚？」、「你想找個什麼樣的？」

一開始，我還得絞盡腦汁找藉口解釋一下，比如沒碰到合適的、剛分手、暫時不想談。次數多了，實在是詞窮，腦細胞不夠用，我乾脆也不解釋了。

有人問，何時候結婚？我就敷衍說，快了，快了。

有人問，為什麼還不交男朋友？我就打哈哈說，找到了就交。

但我媽出去一趟，回來就是滿臉的不高興。我一看，準是因為我這個大齡單身閨女回來，她又被別人「轟炸」了。為此，我挺內疚的，勸我媽別太在意別人說什麼，甚至不惜騙她，說下次一定帶個男朋友回家。

確實，因為這個問題，我一直覺得很對不起父母，他們把我養大，我卻不能如他們所願進入婚姻，生兒育女，組建家庭。

曾經有一年，在老家的每一天每一刻，我都被這種愧疚感和內疚感折磨。有時候，我也會聽媽媽的話去「相親」，然後回來再找各種理由拒絕對方。

於是，回老家變得比上班還累。直到我在網上看到一個清華的女博士，她是一個優秀的科學家，在生物領域取得了不菲的科研成果。但四十歲的她，依舊單身一人。很多人都在猜測她不結婚的理由，而她的回覆又酷又霸氣：「關於為何不結婚，我不欠任何人一個解釋。」

我呼出一口濁氣，內心的罪惡感一掃而光，大呼過癮。

從此，當別人的質疑聲撲面而來時，我忍住了解釋的欲望。因為，別人的理解並沒有那麼重要。

我的人生是我的，只有我自己能負責，沒有人可以替我經歷、代我感受。那我為什麼不可以選擇自己喜歡的人生？我幹麼要費心費力向別人解釋我的做法？

畢竟，**你的生活，和別人沒什麼關係**。

02

橘子來公司的第一天，給辦公室的每個人都送了一個精緻的馬克杯。這一個小小的舉動，讓她很快融入了團隊，她也很快和大家無話不談。

有一次，大家聊起對未來的嚮往。她說：「幸運的話，我會買一間房子，養一條狗，再養一隻貓，就是幸福的三口之家了。」

「那要是不幸運呢？」我隨口問。

「結婚生子唄。」她不假思索地回。

聽她這麼說，一位男同事立即不滿道：「現在你們女生都不想結婚，不想生孩子，真不知道想什麼。」也有女同事追問她：「你為什麼覺得結婚生子就是不幸呢？」

橘子想了想說：「結婚多麻煩，光是婆媳關係就難倒我了。生孩子就更麻煩了，生出來就得管他吃喝拉撒，大一點得管他學習，再大了還得管他找對象、結婚……」

男同事說：「那都照你這樣想，女人都不結婚，都不生孩子了嗎？」

另一個女同事也附和道：「我覺得，不結婚生子，女人的人生也不算完整吧。」

橘子有點不高興了，賭氣地說：「誰願意結誰結，誰願意生就生，我就是覺得養個貓狗做伴兒就挺好。」至此之後，再聊到這個話題，橘子就一言不發了。

當這個世界越來越開放，人們的思想越來越自由，我們有更大的自由度去選擇自己想要的生活。我們的選擇和決定，也許能得到別人的回應，當然也有可能得不到別人的支持和認可。

當不被認可時，如果你不願意解釋，可以閉口不言；如果解釋之後別人仍然不理解，那就不要再糾結，白白為難了自己。**從一開始試圖去解釋，到後來的閉口不言，不是對彼此關係的敷衍和失望，而恰恰是思想成熟的某種展現。**

03

曾經在一個節目中，聽到過這樣一段對話。因為一個女孩一直單身，有朋友問她：「這麼多年，你為什麼不找個男朋友啊？是不喜歡嗎？」女孩則笑著反問：「那你幹麼不買房子呢？是因為不喜歡嗎？」

女孩子過了三十歲，總會有一堆人來質疑她為何單身，卻很少有人願意相信，她不結婚，一個人也過得很幸福。舒淇在《勝者為王》中有一句台詞：「單身會死嗎？不結婚會被判刑嗎？這個世界對我的歧視已經夠深了，你不去質問這個世界，還要跟他們一起來歧視我啊！」

網上有句話說：「懂你的人不用解釋，不懂你的人不必解釋。」深以為然。越長大越明白，永遠不必向別人解釋自己的選擇，不必解釋自己的努力，不必解釋自己的行為。

你只管按著自己的本心，去選，去做，然後去承擔後果。至於別人怎麼想，隨它去吧。

電影《我的姊姊》講述了這樣一個故事。

主角安然的父母因車禍離世，留下五歲的小兒子和正在考研究所的女兒安然。安然原本的計畫是和男友一起考研究所，去北京讀書，但父母的突然離世打亂了一切計畫。她的姑媽認為，她現在應該放棄讀研究所，好好把弟弟撫養長大。

而安然卻覺得自己有自己的人生，自己的一生不應該被弟弟捆綁，一輩子圍著他轉。於是，安然不顧姑媽的強烈反對，賣了房子，把弟弟送人撫養，自己去北京讀書。

我一開始也很生氣安然的行為，覺得她實在太不顧惜親情了，父母已經不在，居然還要把弟弟送人。後來，我站在安然的角度想了想，她不過是想要為自己的人生做主，又有什麼過錯呢？

安然和姑媽產生矛盾衝突，是因為三觀不同。在姑媽的價值觀裡，安然作為姊姊，為家庭犧牲自己，天經地義。但作為年輕一代的安然，很清楚自己的人生不只有弟弟，還有自己的路要走。

無所謂誰對誰錯，只是誰也說服不了誰。

當然了，如果一個人非要把自己的觀念強加給另一個人，即便是親人摯友，最終也只能不歡而散，各自生一肚子悶氣。

向別人解釋自己的人生選擇，是一件非常耗費心神的事。如果你篤定了自己的選擇，就大可不必向每個人去解釋。記得村上春樹說過：「不解釋就明白不了的東西，即使解釋了也明白不了。」

所以，像橘子和安然一樣，堅持做自己就好，不必向誰解釋。畢竟，成年人的世界，三觀不同，不必強融。

Chapter 2

別等生活對你笑，你得先逗自己開心

別等生活對你笑，你得先逗自己開心

01

今天下班剛好有個快遞到了，但那是個大件商品，快遞站離我居住的大樓又比較遠，一想到要跑那麼遠拿那麼大的東西，心裡就特別煩躁。

當我無精打采地走到快遞站時，突然發現，因為太久沒來拿快遞，快遞站的牆上竟然張貼了我最喜歡的明星的東西，而且是鋪了滿滿一面牆，放眼望去，全是我的「最愛」。去取件時，因為物件太大，快遞站的小哥還把運包裹的小推車借了給我。瞬間，拿快遞之前產生的一點小情緒跑得無影無蹤，只留下了滿滿的愉悅。

就像下雨正在為打濕的鞋子煩惱時，忽然看到幕布一樣的藍天上忽然映出了彩虹，就顧不得鞋子濕了，只想趕緊拿手機拍下這道彩色拱門，發個美美的社群貼文。

這就是生活中的「小確幸」吧。

一次租房的時候，我認識了一個叫達達的仲介姊姊，加了她的微信。一般情況下，租房認識的朋友，頂多能維繫到租房結束，友誼也就自然終止了。但我和達達的友誼，卻一直維持到了現在。

我得承認，之所以一直沒有放棄和達達的友誼，是因為她是一個挺有意思的人。她常常連發牢騷都讓人討厭不起來，甚至還會覺得她有點小可愛。

有一年流感病毒肆虐，她中招了，燒到攝氏四十度，在床上躺了三天，換作別人肯定得抱怨，社群貼文也多半是比較負面的文字。但她發了一張體重截圖，寫著：「天哪，瘦了五公斤，多年的願望，居然實現了，這就叫因禍得福吧，哈哈哈哈……」

當時我也正在被病毒折磨，渾身疼得要死要活的，渾渾噩噩中滑到她的這條貼文，忍不住就笑了。**那些快樂的人，常常把苦痛隨手丟在風中，把幸福放大了放在心裡。**

生活中的煩心事一點都不少，有時候生活就像在水底憋氣，眼看就要窒息了，但只要你用力一抬頭，便能露出水面，然後用力呼吸，那種舒暢的感覺就是生活的美好。

有什麼大不了呢？只要你願意讓自己高興，你就能高興起來。

02

在我住的社區門口，有一個修鞋的攤位，主人是一位四十多歲的大姊。我每天上下班路過她的攤位，總能看到她笑眯眯地坐在凳子上，一邊聽地上的小錄音機放著流行歌曲，一邊不停地敲敲打打修鞋，忙得不亦樂乎。

第一次去修鞋攤是因為我的皮鞋太磨腳了，走起路來很不舒服。本來想把這雙皮鞋扔掉，但那天我還是提著鞋來到了她的攤位前。她接過鞋，用粗糙的手指摩挲了一下，然後微笑著對我說：「我幫你在後跟裡面釘上一塊軟皮就可以了，你要是著急的話，可以先去別處轉轉，一會兒再回來取。」

我並不著急，於是就站在路邊等著她修。聽對門的阿姨說過，這個修鞋的大姊家中有個癱瘓的老母親需要照顧，丈夫身體不好，幹不了重活，在社區警衛室擔任管理員。家裡還有兩個上初中的孩子，可想而知，日子過得並不如意。

但她嘴裡輕輕哼著不知名的小曲兒，臉上帶著心滿意足的微笑，絲毫不在意馬路上飛揚的灰塵和頭頂上灼人的陽光。

活在這個世界上，總是很快樂的人，大都是有智慧的人。

「世上本無事，庸人自擾之」，有時候，即便在看似平坦的大路上，也會有絆到我們的小石頭。關鍵在於，被絆倒後，我們關注的是可惡的小石頭，還是遠處的美麗風景。

03

無意中看到一段脫口秀節目。一位中年女性向主持人提問，她說自己從小就膽小、害羞，僅僅是為了來到現場，就糾結了整整四天。

主持人表現得十分驚訝，問道：「你為來這兒糾結了四天？」他頓了一下，接著說：「可你還是來了。」然後主持人又問她結婚了嗎？生孩子了嗎？得到確定的答案後，主持人說：「你其實挺棒的。只是以前你總是看自己沒有什麼，卻不重視自己擁有什麼。」

最後，主持人做著開車的動作說：「就像開車，你不能老盯著後視鏡，你得多看擋風玻璃。」

莫言[3]曾說，書要往後翻，人要向前看。如果有什麼不開心，那一定都是過去的事了，哪怕過去了一秒鐘，也算過去了。

過去的，再看也沒有意義。往前看，才會有驚喜。

04

上週末，我去閨密曉曉家蹭飯。我們是大學同學，畢業後都留在了北京，而且住得不遠。

她非常喜歡沙畫，每次看她在那「指指點點」，塗塗抹抹，沙子在她手中一會兒變成草原上的一匹匹駿馬，一會兒變換成牆下開放的小花，一會兒又變成大雪中馬路上的行人，看起來美輪美奐，令人目不暇接。然而下一秒，她手一抹，又剩下了一堆尋常的沙子。

3 編註：中國著名作家，二〇一二年獲得諾貝爾文學獎，成為首位獲此殊榮的中國籍作家。作品以魔幻現實主義風格聞名，融合鄉土敘事與歷史現實，展現中國農村社會的變遷與人性複雜。

我覺得很可惜：「你畫得那麼好，要能保存下來多好。」

曉曉一樂：「這是一種消失的藝術，它的魅力就在於不能保存。」

我惋惜道：「還是覺得挺可惜的。」

曉曉停下來說：「這些畫要留存下來，那得多占空間，根本沒地方放。只要畫畫的過程是快樂的，不就夠了嗎？」

仔細想想，生活不也是這樣嗎？生活中的每一天，就像是我們在沙子上所作的畫，儘管我們精心描繪的內容很快就會消失，但我們享受了這個過程就足夠了，而它的魅力也恰恰在於此。因為不能保存，所以我們才要倍加珍惜。

就算我們畫壞了也沒關係，明天，我們還可以重新畫一幅更好的。既然我們最終要和一切揮手告別，那就不必憂傷，高興點，才不辜負自己在這世上走一遭。

黑暗退去，晨曦升起，讓自己高興點兒，今天就是超值的一天！

時間總會被消耗，不如心甘情願去浪費

01

雖然人氣創作者李子柒的影片已經很久沒更新了，但我仍會經常去翻翻她以前的影片，很喜歡做蠟染的那一集影片。

蠟染的染料是蓼藍，它是一種天然的植物染料。

李子柒在鬆軟的泥土裡撒下蓼藍的種子。在濛濛細雨裡，種子萌出嫩芽，蔓延成一片綠色。蓼藍成熟了，紅花綠葉，被收割後放在缸中浸泡變色。等待一段時日後，撈出莖葉，水過篩，濾掉雜質。將石灰水與過篩後的染液攪拌混合，靜置。

抽水過濾，挖靛泥，裝在瓶子裡避光保存。白色的棉布放在鍋裡煮開，晾乾。畫設計圖稿。從春到夏，從葉子泛黃到穿上厚厚的棉衣，再到桃花盛開。染布被李子柒做成一道門簾，上面是靛藍配枝頭盛開的朵朵小花。染布被李子柒做成床單、被罩、枕套……

李子柒穿著自己親手染色、親手縫製的斗篷和衣裙，站在花瓣飄落的桃花雨裡。短短十六分鐘的影片，花了整整一年的時間。這支影片我看了很多遍，總覺得時光漫漫，到處都是溢出來的美好。

02

如果生命註定是一場浪費，那麼你只需要判斷這場浪費是否足夠美好就行了。

我們從小就被告誡別去做那些「沒用的事」，做事要講究效率，要看結果。於是，我們習慣了每日的生活匆匆忙忙，做了很多「有用」的事，卻覺得生活乏味極了。

記得在《讀者》的一篇文章裡有一句話，大概意思是任何美麗的東西都需要時間去沉澱，需要用心去慢慢感受。三分鐘就能出爐的速成菜，味道怎麼能和經過兩個小時文火熬制的濃湯相比？

活著就是體驗美好的，完成了工作的ＫＰＩ，做完了瑣碎的家務，不妨就慢下來，去做一點自己喜歡的事。

一件事，你喜歡做，並且在做的過程中能感受到寧靜美好，那這件事就是時間饋贈於你的禮物。

週末的時候，我通常捨不得睡懶覺，而是會早早起床，去做一些手工小零食。什麼玉米片、拔絲地瓜、炸牛奶、草莓大福、爆米花、冰糖葫蘆等，我都嘗試過。

我關注了很多製作美食的頻道，雖然經常是看完會一做就廢，但總有做成功的時候。我最喜歡做的一款零食是雪媚娘。

先準備糯米粉、玉米澱粉、細砂糖、牛奶、黃油、淡奶油等材料，然後開始製作餅皮。餅皮蒸熟後，趁熱放入適量黃油，黃油融化後，就下手揉麵團——一定要趁熱揉，一直揉到麵團把黃油吸進去，變得光滑有韌性，拉很長都不會斷的程度。

然後用磅秤，把麵團分成三十克一個。再用擀麵棍擀成薄片，放入一個半圓形的小碗，擠上打發的淡奶油，放一塊芒果或者草莓，巧克力夾心餅乾碎屑也行，再擠一圈奶油，把餅皮的邊緣向中間捏起來。

最後，塗上糕粉防沾黏，扣上紙托，翻過來，擺入盤中，放冰箱冷藏半個小時。

我經常會把做好的雪媚娘帶到公司，分給同事。有同事聽說我做這個要花一上午的時間，不可思議地說：「天哪！太浪費時間了吧，我可沒那個耐心，我覺得想吃還是去蛋糕店買比較省事。」

去蛋糕店買，怎麼能和自己做的同日而語呢？

自己製作，你看著材料在自己的手裡一點點改變，最後改頭換面，成為好吃的點心，這個過程是神奇的，也是讓人心滿意足的。

03

美好，大概就是放逐心在閒散的時光裡散步。

但是，有時候，美好和現實總是狹路相逢。一邊是生存，一邊是嚮往，誰該退讓？誰能勝出？

正所謂「狹路相逢勇者勝」，敢於許諾自己想要的生活，並願意去爭取的，一定是勇者。

在部落格剛興起的時候，我註冊了一個帳號，因為這個帳號我認識了一個暱稱為「小橋流水落花」的插花師。我很喜歡她部落格的風格，她的每一篇文章都如同花兒一樣散發著香味兒，不熱烈，不濃郁，淡淡的，但能讓我那浮躁的心安靜下來。

那時候，我的工作也不甚如意，心煩意亂的時候我就去看她的部落格，常常忍不住給她留言。留言次數多了，慢慢我們就熱絡起來。熟了之後，我才知道她是畢業於頂尖大學的高材生，學的是金融，畢業後進入一家有名的大公司打拚。

在前途一片大好的時候，她偶然接觸到了插花。她說，第一次看到普普通通的幾支花兒，一擺弄，竟然生出了令人驚豔的美，那個感覺就像和一個男人一見鍾情，令她怦然心動。

然後，她先是把自己所有的業餘時間都貢獻給了插花。插花帶來的愉悅讓她欲罷不能。再後來，她實在不滿足於僅僅在閒暇時間做這件事。仔細斟酌後，她乾脆地辭了職，專心去學習插花。

聽說她放棄了年薪幾十萬的工作，「不務正業」去學習什麼插花，她的爸爸媽媽都快氣瘋了。在父母眼裡，花藝師根本就是「擺不上檯面」的工作。他們不惜拿出一哭二鬧三上吊的招數，逼她放棄自己的決定。

但是她打小就頑固的跟頭牛一樣，最後還是父母妥協了。她在部落格中寫道：既然找到了生命中的美好，怎麼捨得輕易放棄？有什麼理由不去追逐呢？

為了更加系統地學習插花，她還拿著所有的積蓄，跑去日本學習。如今，她是小有名氣的插花師。她說，她很感謝和插花的相遇，她喜歡和花對話，喜歡插花時自心底氤氳出的快樂、寧靜和安詳。

美是療癒心靈的「藥」。**因為這些看得到的美好，我們的眼睛也開始有光。**

慢下來，等等自己的心

01

曾經有很長一段時間，因為要趕一個工作，我每天唯一的感受就只剩下一個字：忙。

每天匆匆起床，匆匆塞一口早飯，匆匆趕往地鐵，匆匆開始一天的忙碌……整日匆匆忙忙，日子過得晦暗無光，內心慢慢枯萎，整個人被焦慮席捲，睡眠也越來越差。

等工作終於完成的那個週末，我原本打算睡個懶覺，好好補償一下自己。但大概因為生理時鐘習慣了早起的緣故，一大早就翻來覆去睡不著了。

睡不著，躺著也難受，乾脆起床算了。看了下冰箱裡連個雞蛋都沒有，於是，我準備出門吃個早飯。

時間還早，早餐店裡人不多，我要了一碗小米粥，一個茶葉蛋，轉頭一看，那剛出鍋的油條實在太誘人，沒忍住，要了一根。我特意挑了一個靠窗的座位，咬一口酥香的油條，喝一勺小米粥，看路上形形色色的路人……

上一次這麼悠閒地吃早點是什麼時候？似乎已經是很遙遠的記憶了……**每天忙於生計，四處奔波，看起來好像走了很遠，可一旦停下來回頭望，卻發現心並沒有跟上來**。

忽然想起一個詮釋詩人木心《從前慢》的影片：淅淅瀝瀝的小雨，鋪著石板路的小巷，炊煙裊裊的屋頂，鏡頭抬高，慢慢切到老舊的火車站，火車噴著白煙，緩緩停靠在月台……這樣一幅靜謐的畫面，配上「……賣豆漿的小店冒著熱氣。從前的日色變得慢，車，馬，郵件都慢，一生只夠愛一個人……」的詩句，一種安心的美好就撲面而來。

是啊，生活需要慢一點。因為這樣我們才能好好感受一杯茶的溫度，一朵花開的過程，一場日落的壯觀，才能感受到生活裡細微處的美好。

記得電影《功夫熊貓》裡的烏龜大師有一句台詞：「你的思想就如同水，我的朋友，當水波搖曳的時候，你很難看清楚。不過，當它平靜下來，答案就清澈見底了。」

如果我們只顧著匆忙奔走，沒有時間去思考，腦子裡就只剩下催促的命令，攪得人不得安寧，也無法準確地找到正確的奮鬥目標。

網路曾經流傳過一句話，「當你又忙又美，何懼患得患失」。猛一聽，感覺好有道理，我甚至對那種又忙又美的狀態充滿了嚮往。但後來經過一段顛三倒四的忙碌狀態後，我發現，又忙又美，基本是不大可能實現的。反而是當你慢下來，因為怕被忙碌撞翻而藏起來的那種對美的追求才會流露出來。

這就好比你穿著修身的旗袍，踩著高跟鞋，卻在急切地奔跑，氣喘吁吁，一不小心甚至還扭傷腳，摔倒在地，這麼狼狽的一面，怎麼會稱得上「美」？

你必然得是走得篤定，走得從容，走得不緊不慢，才能顯出優雅與美感。所以，縱然急切，也請先穩住心神，將紛擾澄清，著眼於當下，慢慢來。慢下來，你會發現，物是美的，自己亦是美的。

慢下來，生活才不那麼冷漠枯燥，你的心才會對美好的事物、美好的人生出期待。

02

大學的時候，我很喜歡上心理學，這門課對於我的專業來說並不是必修課，但出於對心理學的強烈興趣，我特意選修了它。

因為心理學的上課時間是每週四的下午，於是，我開始對週四滿懷期待。對於其他的課程，我一般都是趕最後一刻匆匆忙忙跑去上課。只有在週四，我會早早帶上課本，準備好這節課要提出的問題，提早來到教室，與同學們一起討論。

在週四這天，我會在繁忙的課業間不自覺地慢下來，充滿儀式感地等待那一刻的到來。

記得《小王子》中小狐狸對小王子說：「如果你下午四點來，那麼我會從三點就開始興奮。時間一分一秒地接近，我會越來越開心。到四點鐘的時候我已經開始跳來跳去了。所以，你若隨時來的話，我的心便不知道該在什麼時候期待你的到來……我們需要儀式……」

對待生活，也要像小狐狸一樣，給自己設定一些儀式感。

這些儀式感不需要很多，也不需要很複雜，但一定要有，因為這是你慢下來，等一等自己的心追上來的最佳時機。

給自己留一點時間，慢慢品味，你才能真切地感受到，自己是在享受生活，而不僅僅是在麻木地活著。

03

我們總是怕落在別人後面，唯恐自己被這個快節奏的社會淘汰，不得不拚命奔跑。但忙忙碌碌，未必就能有很大的收穫；而不慌不忙，未必就做不好工作。

仔細觀察下，你會發現，很多人表面上看起來或東跑西奔，或伏案疾書，或又翻又找，嘴裡也不閒著，一個勁兒地嚷嚷著沒時間，給別人的感覺就是他很忙，忙得不可開交，好像一天做了很多的事情。可最後復盤下來，卻發現他沒什麼效率，不但任務沒完成，而且品質也不合格。

同事靜雲，一點都不像她的名字那麼安靜。她走路帶風，做什麼都是風風火火的，每天忙得團團轉，她的口頭禪就是：「哎呀，忙死了，忙死了。」

她常常忙得不是把文件落在家裡，就是忘了把做了半天的PPT存檔，或者是忘了與團隊的同事及時溝通，導致兩人重複做了某一件事。她常常調侃自己年齡大了，記性越來越差，但實際上她才三十多歲。

有一次，她忘記修改主管前一天交代的文案，第二天客戶到來，打開PPT看到的還是舊文案。結果客戶拂袖而去，認為我們做事不專業不認真，拒絕再繼續合作。

為此，主管把她狠狠罵了一頓，她承受不住壓力，就辭職了。

想要抓緊每一分每一秒去努力奮鬥，想要在最短的時間裡做最多的事，這種想法也許是好的，但結果往往是越忙越亂，越亂越錯。

曾經看過一個知識短片，介紹心臟的運作方法。我們知道，心臟一直在跳動，看起來似乎是沒有休息，一直在工作，那它為什麼不會疲勞呢？

事實上，心臟並非一直在工作，它也是會休息的。只不過，它的休息方式比較特別。

心臟每跳一次，包括收縮和舒張兩個過程，一張一弛，收縮就是在工作，舒張就是在休息。這種有規律的工作和休息，是心臟能夠一直跳動、不知疲倦的原因。由於心臟每次舒張時間長於收縮時間，算下來，心臟每天的工作時間並不長，大約三分之一的時間在工作，三分之二的時間在休息。

連心臟都知道要讓休息的時間長於工作的時間，才能跳動得更長久。所以，就算是為了賺些收入，又何必事事慌慌張張？你可以時不時停下來，或者慢一點，忙裡偷點閒。這不是浪費時間，而是在補充能量。

午休時間，拋下繁雜的工作，和同事聊聊身邊有趣的事，或者趴在軟軟的抱枕上小眯一會兒。

下班回到家，換上軟軟的拖鞋和舒適的睡衣，陷進鬆軟的沙發裡看會兒喜歡的書，享受一段靜謐時光。

身體再忙，也不能忽略自己的心，更不能把它丟下，讓身體獨自跑了。心跟不上，你就看不到沿途的風景，也感受不到生活的快樂。

有心在，目光所及皆是美好，心中所想都是溫柔。

給自己買花，陪自己長大

01

心情不好的時候，感覺壓力特別大的時候，我就會去逛逛花卉市場。把身體和心靈放在沁人心脾的花香裡熏半個小時，渾濁的心就開始變得清明，沉重的身體也開始變得輕盈。

臨走的時候，買幾支百合、玫瑰或者薰衣草捧著，感覺自己就像是被寵愛的公主。

上大學的時候，總覺得哪裡有女孩子自己給自己買花的道理？如果女孩給自己買花，那感覺應該很奇怪吧。

雖然我們宿舍的幾個姊妹，喜歡的花不同，但我們一致認為，這麼美好的東西，應該是戀愛時男朋友送的，才算浪漫。

睡在我下鋪的小梅最喜歡玫瑰，一直嚮往能收到大朵大朵的紅玫瑰，每每看到電影裡那一幕幕真情告白的場景就犯花癡。她說她最大的夢想就是有一天能遇見一個目光溫暖的男人，抱著一束紅玫瑰突然出現在自己面前。

大三那年，小梅生日，她終於如願以償收到了夢中的紅玫瑰，只是送她玫瑰的人並不是她喜歡的人。

想像中的那一份驚喜與感動，變成了失落和無奈。此後，她再也沒有瘋狂地期盼過誰給自己送玫瑰。再後來，小梅也沒有嫁給一個常常送她玫瑰的男人。相反，她的丈夫一點都不浪漫，甚至有點木訥。

有一次，我看她在網路社群曬出一大束鮮豔欲滴的紅玫瑰，配文說：「一直喜歡，從未改變。」

我問她：「你老公學浪漫了，這不還沒到情人節嗎？」

她回覆說：「這是我給自己買的啊，你沒聽過那句話嗎，『給自己買花，陪自己長大』。」那一刻，我忽然覺得，女孩子長大，大概就是從給自己買花開始的吧。

如果總是把幸福寄託在別人身上，那麼生活裡多的是望穿秋水的等待。不如學著自己給自己找尋幸福，自己給自己買花；也許不會有意想不到的驚喜，卻能隨時隨地哄自己開心。

02

生活中有太多的女孩子長大後，沒有學會哄自己開心，而是只顧著讓別人開心。為了學習，為了工作，為了家庭……她們不斷做出各種努力，沒有愛惜自己的身體，也壓抑著自己的情緒，早就忘記了怎麼去愛自己。

大雁在結婚前，是我們那個「吃喝玩樂」群組裡最活躍的女生。她熱衷於各種出遊活動，以前經常在群裡召集大家去爬山、旅遊、騎車，她的薪水基本也都消耗在這些活動上了。

但自從她結婚生子之後，基本上就在我們的朋友圈裡銷聲匿跡了。有時候，大家忍不住在群組裡點她的名，問她怎麼一下子變宅女了？她回：想出去玩，但沒錢啊。

有一次，我約她逛街，在賣場中，從玩具到衣服鞋子，她給孩子買了一堆，也給老公買了襯衫、領帶。我說，該給你買了。她說：「再看看吧，我倒也不缺什麼。」

我們倆一起看化妝品，她看起來很喜歡一款口紅，但看了價格，要八百多塊，就放下了。又看了一款很襯托氣色的名牌眼影，但她卻說：「我平時也懶得化妝，好像沒必要買，算了。」

又逛到一個品牌的運動衣在做活動，折價後一千兩百多元，我試了試效果不錯，決定入手一套。我慫恿大雁她也買一套，但她連連擺手說：「算了，我覺得有點貴。」

一路逛下來，她什麼都沒給自己買。

其實，她看中的也不是什麼奢侈品，以她目前的收入也完全能負擔得起這些消費，可她就是不捨得給自己買。

你什麼都嫌貴，穿的嫌貴，吃的嫌貴，臉上用的也嫌貴，最後可能受委屈的只能是你自己。

總是對自己不捨得，總是虧欠自己，**早晚有一天，你可能會因為別人一時的疏忽而委屈到崩潰**。因為你不去滿足自己，一味去滿足別人，就難免會對別人心存期待，希望別人也注意到自己的需求，主動滿足自己。

這種期望值，會隨著自己付出的增多而不斷提高。直到某一天，你發現自己的需求和付出根本沒有人看見，就會感覺委屈。委屈累積多了，情緒就不穩定，你的脾氣就會變差，你的抱怨可能也會越來越多，最後你可能會得到很多嫌棄與不耐煩。

那些突如其來的脾氣，往往都是累積了很久的委屈。可是，如果連你自己都捨不得對自己好一點，又怎麼能去怪別人對你不夠好呢？

與其祈求別人來滿足自己，不如自己滿足自己。情感作家蘇岑說過一句話：「女人就要富養自己的，你身上所有的焦慮和戾氣，都是虧待出來的。」

03

某天下班回家，我看到社區樓下新開了家花店，就走進去挑了幾束鬱金香和小雛菊，沒想到店員妹妹還送了我一個新的玻璃花瓶。

我的心情頓時像麻雀一樣飛來飛去。有什麼能比寵愛自己、滿足自己更能讓自己開心的呢？

時光匆匆忙忙，日子深深淺淺，下班的路上，碰到賣花的人，就給自己買一束吧。

心情不好的時候，買一束，哄自己開心。心情好的時候，也買一束，盡情享受心情雀躍的美好一刻。

給自己買花，滿足自己的需求，用愛把自己的心填滿，你會發現，陪自己慢慢長大的感覺真好。

你本來就很可愛，和有沒有人愛你無關

01

終於，看到朋友墨墨更新了一則動態：「不管有沒有人在乎你，欣賞你，你都在綻放！」配圖是一朵很尋常的小花，看起來是路邊隨手拍的。

她的貼文差不多有一年沒有更新了，這次更新，看起來心情還不錯。我立即打開了和她的對話方塊，問：「墨墨，你終於發文了，看起來心情不錯哦。」

然後，我盯著對話方塊上的「對方正在輸入」，許久，卻只收到了三個字：「嗯，還行。」我覺得她可能不想被打擾，或者正在忙，就沒再回覆。

沒想到過了半個小時，她又發來長長的一段消息：「你別介意。其實，我剛才是特別想和你分享喜悅的，我的憂鬱症好了！感覺有很多話，一時又不知道怎麼說……現在回憶起經歷的那段黑暗，還是有點瑟瑟發抖……以前我很自卑，現在我覺得自己也不是那麼差了。」

墨墨是我很早之前的一個同事，因為座位相鄰，打交道多了就成了朋友。我知道，她的老家在甘肅省一個偏遠的村莊，家庭條件很不好。

她對我說，因為她是家裡第三個女孩，出生的時候，爸爸看都沒看她一眼。爸爸不喜歡她，媽媽也不怎麼喜歡她。一直到高中，她從來都沒有穿過一件新衣服，過年穿的也是姊姊的舊衣服。

有一年，班裡的女生很流行穿帶著蕾絲邊的白色皮鞋，穿上去看起來就像可愛的洋娃娃。她想了很久，終於鼓起勇氣，小心翼翼地向媽媽提出想買一雙白色皮鞋。媽媽說：「穿得好看有什麼用？少把心思放在這上面，學習成績好才有用！」

為了考上理想的學校，她重考了三年。畢業後，她的薪水一大半都寄回了家裡。她還有一個弟弟在讀書，她覺得自己應該盡力幫幫家裡。但即便是這樣，她的爸爸媽媽也還是不滿意，覺得她沒有盡力。

他們不知道，墨墨的薪水也不算多，為了支援家裡，她過得很辛苦。她租賃的是地下室，很小，只能放一張單人床、一個小桌子，床頭的「衣櫃」也是拿紙箱充當的。

午飯她都是自己帶，不是一個清炒白菜，就是清炒馬鈴薯，連雞蛋都很少見。她穿的衣服，也都是網上幾十塊錢淘來的。

為此，她很自卑，她從不和大家聚餐，也很少說話。有一次公司舉辦年終聯歡，主管要求每個人都必須表演一個節目，她低頭囁嚅了半天，說自己什麼都不會，能不能不參加？

其實，她除了吃得不好，穿得不好，性格不夠活躍，其他各方面都挺優秀的。她有一個高挺的鼻樑；她寫得一手漂亮的字；她手很巧，幾根繩子在她手裡上下翻飛，不一會就變成了一條手鏈……

有一次，我對她說：「公司剛來的男生好像很關注你啊。」她居然紅了臉，忙不迭地搖頭，就像一隻受驚的小貓。

後來我離職了，我們之間的聯繫就少了。再後來，聽說她得憂鬱症了，不得不去接受心理治療。還好，她終於走出來了，重新活回了自己。

02

有時候，並不是我們自己本身真的差勁，而是我們看不到自己的好，才會覺得自己不配擁有更好的。

為了得到別人的認可和愛，我們拚盡全力去迎合對方。遺憾的是，這就像是在填補別人身上的無底洞，不管付出多少，都不能讓對方滿意。

但真正需要獲得的認可，並不是來自別人，而是來自你自己。

相信「我本來就很好」，才是自己的光。愛自己不是自戀，更不是自私，愛自己只是讓自己接納自己原本的樣子。

有一段時間，我癡迷地追一部叫作《聽見她說》的女性獨白劇，裡面的第一個主題故事叫《魔鏡》。我特別心疼這個故事裡的女主角，她一直覺得自己很醜。比如，嘴唇很厚，鼻樑塌，臉又方又大，掉髮很嚴重，隨時感覺自己要禿了。

因為對長相很自卑，所以她每天要花三個小時在化妝上面，甚至在家裡也戴著假髮。有一次，她精心打扮後參加同學聚會，回家後發現貼的雙眼皮不知道什麼時候脫落了，她當場崩潰大哭。

女主角在劇中沒有名字，就像她這個人一樣，已經完全失去了自我。外界的評價、事業、愛情、人生的一切對她來說都只和美醜相關。這種對容貌的極度自卑，已經完全摧毀了她人生的所有意義。

最後她厭惡極了自己的長相，選擇去整容，醫生卻告訴她：「在我看來，你很漂亮。」

《魔鏡》中的女主角，就是因為少年時代在學校被大家嘲諷「腿粗」，她才開始關注自己的外貌，在成長過程中逐漸習慣於「自我醜化」。

生活中，我們有時候也會特別在乎別人的評價和看法，卻不知道，有時候別人不過是隨便說說而已。

如果你自己將這些評價烙印在心裡，就會成為一生的傷。

03

別人是不是喜歡你，根本就沒那麼重要，重要的是，你是不是喜歡自己。他人給予的都可能收回，只有自己給自己的才能不離不棄。

你一旦開始愛自己，就不再需要這個世界來告訴你，如何才能變得更好、更美、更迷人。你一旦開始愛自己，就不會再需要別人來告訴你，你有多少優點，有多值得被愛。

當你的心中充滿了愛，你就不會要求被愛，就不會像乞丐一樣拿著破碗到處去請別人填滿。

就算很少有人愛你又何妨，人無完人，怎可能討每個人喜歡。
不要因為你的自卑和膽怯而否定那個可愛的自己，因為，你身上一定有別人看不到的小美好，只有你知道。

Chapter 3

像大人一樣生存，
像孩子一樣生活

生活不容易，可以選擇簡單過

01

上週收拾衣櫃，翻出一堆應該有好幾年都沒穿過的衣服。翻出來看看款式和顏色，自己都被震驚到了。

曾經很流行的深咖色短裙、黑白格子短外套、兩個大口袋的酒紅色卡通帶帽睡裙、紫色小外套，還有各種顏色的絲巾、圍巾、帽子……款式五花八門，顏色至少集齊了彩虹的七色，滿滿當當扔了一床。乍一看，竟然有點擺地攤的臨場感。

但這些顏色鮮豔花俏、款式追逐時尚的衣服，被我穿在身上的次數卻寥寥無幾，有的甚至從買回來就在衣櫃裡積灰塵。

再看看現在平時穿的衣服，顏色和款式都很簡單。顏色多半是低調的白色、灰色、黑色，款式也都是多年不變的基本款，比如簡單的襯衫、普通的牛仔褲、圓領運動衫、T恤等。

一年四季，翻來覆去常穿的也就那麼幾套。

也許衣服和朋友一樣，社群裡的好友加起來能排一公里，但真正常聯繫、熟識、談得來的，也就那麼幾個。

二十歲的時候，喜歡熱熱鬧鬧，到處呼朋引伴，熱衷於各種繁複的儀式流程；三十歲的時候，忽然發現，人際圈子還是簡單點好。

簡單一點，不僅自在，還很清爽。

02

每次上下班，經常會碰到住在同一社區的一位大姐。說是大姐，其實她兒子都上大學了，估計也快五十歲了吧，但外表看起來像是不到四十歲的樣子。

她很會穿搭，我特別喜歡她深秋時候的一身打扮：一件麻灰色的及膝大衣，裡面是一件天藍色的打底衫；下面是黑色的直筒褲，配一雙鞋跟不高的黑色皮鞋；頭髮燙了一點波浪捲，但不是很明顯。

穿著既不時尚，也不前衛，但就是令人感覺很舒服，大方又優雅。有一次，她有事來我家小坐了一會兒，不知道怎麼就聊到了穿衣服上。

她說：「我不太贊同現在的年輕人，總是愛買很多衣服。」

我笑道：「可是，雖然衣服多得衣櫃都裝不下了，卻還是覺得差了一件。」

「我一個朋友就是這樣，上次我去她家。她那個衣櫃，哎喲，塞得滿滿當當的，想扯出一件都費勁。」

我哈哈大笑，又不失時機地「奉承」她：「你的衣著品味就很好啊，有沒有什麼訣竅？」

「訣竅談不上吧，我就是買得少。」她指了指自己身上的寬鬆版米白色襯衫和黑色褲子，「你看我這身衣服，還是前年買的。一個季度，我也就買一、兩套衣服，不會多買，而且買一套，就會淘汰掉一套。」

「為什麼要這樣？多幾套衣服不是更好嗎？」我很是不解。

「太多了只會帶來擾亂，選擇多了，糾結就多了，會浪費不必要的時間和精力。」

我恍然大悟：「還真是這個道理，看來衣服多了，並不是好事啊。」

「我覺得是這樣，而且買得少了，買的時候就會特意挑選精品，耐看也耐穿。如果是隨便買，挑了一堆，穿幾天就不喜歡穿了，或是穿著不舒服就不愛穿了。」

是啊，簡單的款式，簡單的顏色，簡單的搭配，可能不會出色，但也絕不平庸。

生活，不也是這樣嗎？

我們總是期望轟轟烈烈、熱熱鬧鬧，**但真正舒適持久的狀態，還是曾經令我們不屑一顧的簡簡單單。**

03

以前，我總是喜歡準備很多東西，連手機殼都得準備好幾個換著用，甚至如果家裡沒有準備幾個出門購物用的環保袋，就覺得缺了點什麼。所以，我很怕搬家。搬一次家，就像脫了一層皮，但別人脫皮是為了脫胎換骨，我則是一邊忍受痛苦，一邊想著要把脫掉的皮也打包帶走。

我更怕出遠門。出個遠門，光是準備東西就讓人焦頭爛額，筋疲力盡。小到一次性馬桶墊、眼鏡布，大到防寒外套、鞋子，感覺少一樣東西沒拿，整個行程就會受到很大影響。

往往出一次門，我會在出門前一週無比焦慮，出門後一週無比疲憊。

有一次，我一邊收拾東西，一邊崩潰地想：我為什麼要把事情搞得那麼複雜？過那種家裡簡簡單單、清清爽爽，想出門背個包站起來就走的生活不好嗎？

於是，我決定改一改這耗神費力的複雜生活，我也確實已經無力應付了。

生活，究竟能不能簡單一點？簡單到什麼程度最舒服？我決定先從廚房開始改變。

單說鍋，我們家就有整整九個：一個帶模具的電烤盤、一個小燉鍋、一個高壓鍋、一個小湯鍋、一個平底鍋、一個砂鍋、兩個炒菜鍋、一個電鍋。當然，除了一個炒菜鍋和電鍋平時經常工作，平底鍋偶爾「出勤」，其他鍋基本都在櫃子的角落裡「閉關修練」。

還有各種大大小小的調味瓶，各式各樣幾十個，用的時候得看標籤才知道裡面是什麼；還有湯匙，長柄的、短柄的、攪拌咖啡用的、吃蛋炒飯用的、喝湯用的……還有各種保鮮盒，裝水果用的、裝蔬菜用的、裝剩飯用的……一通收拾下來，我感覺住在這裡的人即便不是瘋子，也和瘋子差不多。

接下來，我經歷了一場紮紮實實的斷捨離——**買的時候有多開心，捨棄的時候就有多痛苦**。

現在，我的廚房裡的炒鍋就剩下兩個，如果算上電鍋，那就是三個鍋。另有一把鍋鏟、五雙筷子、兩個湯匙、六個盤子、五個碗，加上每餐必需的油鹽醬醋等基本調味料。

廚房收拾完之後，我又對衣櫃和鞋櫃進行了斷捨離。最後臥室的衣櫃只剩下了常穿的幾套衣服，鞋架上的鞋子也不超過十雙，包括拖鞋。

當我不再什麼都要，整個世界彷彿都安靜了。

所有的喧囂都忽然落地，隱入塵土；所有的煩躁都化成了一縷青煙，隨風飄走。

04

所謂美好，不過是需求剛好被滿足。就像吃飯，吃八分飽，剛剛好；如果你非要吃撐，扶著牆走，那就不是美好，是遭罪了。

簡簡單單的一日三餐，一葷一素，一菜一湯。再加上愛的眼神、溫和的笑、柔軟的話，在時光裡慢慢沉澱，就會成為記憶中最溫情的美好時刻。

小的時候，我們是胖乎乎的蠶，一片桑葉就能滿足。長大後，我們變成了刺蝟，身上的每根刺上都長滿了欲望，欲望讓我們變得焦慮，變得疲憊，變得自己都認不出自己。

與其說是世界變複雜了，不如說是我們自己變複雜了。蛻去童年的純真，披上成年人的盔甲，我們依然可以擁有童年純粹的心，用單純的眼睛去看生活。節制欲望，就可以讓我們回到孩童時代，感受那時隨時都能得到的滿足。

生活一直不容易，但可以一直很簡單。

一輩子很長，要成為有趣的人啊！

01

偶然在手機上看到了一個很有意思的對話。

紅紅說：「我收到了一張法院的傳票，說有件重要的案子要我明天出庭作證。」

火火問：「你覺得緊張嗎？」

紅紅說：「非常緊張，因為我不知道穿哪條裙子好。」

我因為紅紅的這句話，愛上了看似無腦的她，好想和她成為朋友。畢竟，好看的皮囊千篇一律，有趣的靈魂萬裡挑一。

在一年三百六十五天，有三百六十六天（多出來的那一天是透支下一年的）都沒什麼意思的平淡日子裡，有這樣一個有趣的朋友，必須算得上是三生有幸。

小雪是我為數不多留在北京的高中同學之一。她高中的時候就喜歡化學，現在是一名化學老師。有一次，她邀請我和另外幾個朋友去她家。剛進家門，她就端著一大盆肥皂泡沫水讓我們每個人都「洗洗手」。

我們本著「進門先洗手」的原則，每個人都用盆裡的肥皂水洗了手。正當我們要去洗手間把肥皂泡沖掉的時候，她拿出了一支做實驗用的丁烷噴槍，不由分說就要往我們手上「噴火」。

我們都嚇得跑到桌子後面，吱哇亂叫地說：「你要幹什麼！不想留我們吃晚飯也沒必要搞『謀殺』吧！」

只見她哈哈大笑，把丁烷噴槍往自己手上的肥皂泡沫一噴，沒想到她手上竟然燃起了橘黃色的火焰，泡沫在她的手上被點著了！

我們都十分震驚，問她這是怎麼回事。小雪得意地說：「這是肥皂水和打火機裡常見的丁烷成分相互作用的結果，化學方程式是……」還沒等她說完，我們就跑去搶了她手中的丁烷噴槍玩了起來，把這個自顧自講起課來的小雪老師丟在了一邊。

有趣的人，最大的特點就是總能在無聊的生活裡找到樂子，這是他們對付無趣生活的獨門秘笈。

一次，我和同事苗苗去公司附近的牛肉麵館吃飯。苗苗拿著菜單，指給我，小聲地說：「一百二十元一碗，看起來不錯。」我瞄了一眼菜單上面鋪滿牛肉片、冒著裊裊熱氣的一大碗麵，沒出息地咽了一下口水。

想起以前吃的那種牛肉麵：一碗麵條，上面規規矩矩地「趴著」一、兩片又薄又小，若不小心翼翼都夾不起來的牛肉，很不屑地撇了撇嘴。不過，現在想想，也不能怪人家，畢竟那種牛肉麵才六十元，比這個足足便宜一半呢。

我們倆痛快地用手機下單了兩碗麵，為了搭配麵裡的牛肉，還專門加了一份涼菜雙拼——黃瓜和海帶絲。不到五分鐘，麵來了。我很知足地看著好大一個碗，由服務生雙手護送，快速移動到了我的面前。

然後，我們倆看到的是：一碗規規矩矩的麵，上面乖乖趴著兩片薄薄的牛肉！這……

苗苗從碗裡抬起頭，大聲喊：「老闆，老闆！」服務生一路小跑過來，微微彎腰，非常客氣地問：「這位女士，您好！請問您有什麼需要的？」

苗苗用筷子挑起碗裡薄薄的牛肉片，非常禮貌地說：「沒什麼需要的，我就是想請你轉告你們老闆，下次牛肉少放一點，我吃不完。」我聽到鄰座一個男士沒忍住的笑聲，為了配合苗苗演下去，我沒敢笑，看了一眼服務生。

只見服務生有點尷尬地瞄了一眼放在桌角還沒來得及合上的菜單，我順著他的目光，看到那一碗麵的下面，剛才被忽略的一行小字：圖片僅供參考，請以實物為準！哈哈哈哈哈哈……我也忍不住笑場。

苗苗淡定地開始吃麵，服務生已經悄然離去。

後來，每每回憶起這個場景，我都忍不住嘴角上揚。一碗麵裡少了幾片牛肉，卻多了一份開心的回憶。

有趣的人，哪怕在塵土飛揚、狂風暴雨的生活中，也能抓住那偶爾閃過的微光。

02

我們常常能在短影片中看到一些其貌不揚的男人，身邊的女伴都很漂亮。可能有人會感到奇怪，憑什麼他們能抱得美人歸？答案可能有很多種，其中有一種答案是：這個男人用有趣征服了佳人。

大學時有一個女同學是個新疆女孩，非常漂亮，而且她那對長長的睫毛下有一雙褐色的眼睛，時常閃爍著不易察覺的孤傲；那高挺的鼻樑，也帶著一點酷酷的冷漠。

她遠遠地走過來，男生會停下一切正在進行的動作，望著她出神。

追她的人，從宿舍門口能排到校門外。我們也會在背地裡偷偷議論，哪個男生能在這場奪美比賽中勝出？

舍友小梅說：「能勝出的男生，絕非凡品，一定是個頂級大帥哥。」

亞楠不屑地說：「你就是個『顏控』，目光短淺，長得帥能當飯吃嗎？那必須得家境優渥啊，比如英語系那個富二代。」

我推了亞楠一把，說：「我看你是『錢控』，想錢想瘋了。要我說，也許還是那個每次都考年級第一、身高有一百八十公分的男生吧，看起來多般配。」

男生們都在偷偷摩拳擦掌，躍躍欲試，女生們則是既羨慕又好奇。大家都想知道，最終，花落誰家？

結果，讓所有人跌破眼鏡的是，最後勝出的那個男生，既不是帥哥，也不是富二代，更不是成績第一那位，而是一個從頭到腳毫無亮點，扔到大街上絕沒人多看一眼的普通男生。

我們都很好奇，為什麼是這個男生？這個男生究竟用什麼魔法把大家的「女神」勾走了？後來，我在校園網上無意中看到這個新疆女孩分享的貼文，終於看出了一絲端倪：

我養的文竹死了，我很難過。我喜歡養一些小植物，但總是養不活。大大小小養死了有七、八盆了吧，男朋友說我上輩子準是讓植物聞風喪膽的害蟲「英雄」。

本來準備放棄了，他又送來了一盆小小的仙人掌，還附了張卡片：「親愛的，文竹太矯情了，經過一番思索，決定轉世為仙人掌，來接受你的考驗。你放心隨便養，千萬不要有什麼顧忌，因為我已經做好了下次投胎的準備。」

今天晚上，我們晚自習後去學校的小超市買飲料。我正在阿薩姆奶茶和柳橙汁之間搖擺不定時，他衝過來把兩瓶都買了。

「哎，買一瓶就夠了！」

他突然戲精上身，捏著嗓子：「娘娘，做決定不是一件容易的事，請娘娘回宮再定奪不遲。」

貼文的最後，她寫道：愛情無解，於我，無他，有趣就好。不然長路漫漫，那麼枯燥的一天天，想想就痛苦啊……

不用裝，我承認我嫉妒了。和有趣的男人談戀愛，那感覺很美好吧？怕是連睡覺都會笑醒。

有一次，亞楠再一次吐槽：「真不知道那個男生有什麼好！」我默默揭曉了答案：「因為他是個有趣的男人。」

經過我對「男人一定要有趣」的大力渲染，有趣，成了我們宿舍選擇男友的重要標準。

有趣的男人就是最炫的魔術師，看似不經意地動一動手，就能變出令人尖叫的驚喜。不過，畢竟好看的皮囊千篇一律，有趣的靈魂萬裡挑一，想遇到有趣的男生還是蠻難的。

沒關係，如果你還沒有找到有趣的男朋友，可以先嘗試讓自己變成有趣的女孩子。

如果你覺得自己生活裡缺少趣味，也不必一邊羨慕別人的有趣，一邊痛恨自己的乏味。因為，**所謂有趣，有時候就是換個角度看問題，跳開常規的思路而已，你也可以做到的**。

03

一次，公司搬了新家，物品成箱地堆在地上，大家都不願意週末來整理，只有我和同事小荷打算週末來收拾一下。

拆箱，取出物品，然後把物品歸位……我和小荷在公司裡來來回回走動，幾個小時下來只感覺腰酸背痛，兩條腿都麻木了。小荷靠在旁邊的架子上，用手捶著自己的腰，疲憊不堪地說：「我剛看了下手機，這一個上午，我竟然走了八千多步。」

我一聽，很開心地說：「走路是要消耗熱量的，你算算，這一個上午，你可以少掉多少脂肪？」

小荷低頭打量著自己的雙腿：「說得對，我覺得……你看，我這腿是不是變細了不少？」

我看著她的腿，想了一下，若有所思地說：「我想，你應該是屬於那種油耗比較低的車。」

「我……」小荷無言以對，氣笑了。

在嘻嘻哈哈的打鬧中，我們竟然也不覺得太累了。

生活本來沒有意義，需要我們賦予它特殊的意義；生活本身也沒有什麼樂趣，需要我們主動去尋找它的樂趣。有什麼比讓自己開心、讓身邊的人和自己一起開心更重要呢？

讓自己開心，你的內心會充滿鮮活的能量，不會感覺貧瘠匱乏；和身邊的人一起開心，你的身上會產生一種磁場般的魅力，就算是陰天，你周圍的人也會覺得如沐暖陽。

一輩子很長，一定要成為一個有趣的人啊。

像大人一樣生存，像孩子一樣生活

01

看看日曆，兒童節不遠了。這幾天，我一直在想，今年的某連鎖速食品牌兒童套餐會送什麼禮物呢？我點開擺在桌子上的小鴨玩具，看它扭動著笨拙的身體，同時兩隻小手輪番舉起來，真的是又蠢又萌。

這是去年該品牌在兒童節前推出的兒童節禮物，結果一推出，就在大人的世界造成轟動，迅速爆紅。有人說，這是一款「對小孩太幼稚，對大人剛剛好」的玩具，對此我非常認同。

當我看到社群貼文裡有人在展示一隻胖嘴鴨，那魔性的舞姿，配上復古的音樂，第一時間我就確定，這是我最想要的兒童節禮物。

結果，跑了幾家肯德基店，得到的都是「對不起，這款玩具沒有了」的回覆。打電話去該品牌外賣電話，得到的也是「您好，這款玩具無貨」的回答。我不甘心，又查著地圖，去更遠的地方跑了好幾家店，才得到了這隻蠢萌的小鴨子。

不知道有多少人和我一樣，作為一個大人，還這樣不顧一切地搶兒童套餐，只為了那個贈送的玩具。

自從有了小鴨子玩具，無聊再也不肯來見我，因為一個人的日子也可以過得快樂到飛起。

我學著網上別人發布的影片，也給我的小鴨玩具寫了不少「標語」。

忙了一天，還要回家加班，很煩！我就撕兩個紙條，一張寫「報告！」，另一張寫「我想追劇」。然後，看著小鴨子一隻手舉起「報告！」然後放下；另外一隻手又舉起「我想追劇」，然後又放下。我瞬間就釋然了：如果這個班非加不可，那就開心點加。

綁頭髮的髮圈，總是被我隨手一丟，然後就找不到了。我靈機一動，把髮圈套在小鴨子玩具的胳膊上，然後寫紙條：「髮圈在這裡」。事實證明，小鴨子玩具是個很稱職的小幫手，髮圈從此就沒再丟過了。

可以說，自從有了小鴨子玩具，我的生活就開始變得更好玩了。我把小鴨子玩具的影片傳給我媽，我媽送給我一句話：「你可真幼稚！」然後，又不放心地問：「你是不是一個人在外面壓力太大了，怎麼會癡迷這小孩子的玩具？」

我說：「媽，有了這隻小鴨子，我都不知道壓力是什麼了，哈哈。」

長大了，開心就像影子，總是往後躲。

如果我們總是朝前看，永遠沒有和影子遇見的機會。但如果我們回頭，就能和影子握手言歡。

童年的那份純真，其實從未遠離，只需要你一轉身，就能碰到。

不僅僅是兒童節，在任何一個尋常的日子裡，我們都可以很認真地、很鄭重地滿足一下自己的好奇心。

02

去年夏天，我回老家住了幾天。我姊知道我回來了，就把還不到六歲的女兒妍妍送來陪我玩。

對於姊姊的這個行為，我是這樣理解的：讓個小屁孩來陪我，我姊的用心，明顯是把我當免費保姆了。但是，我可不敢把這個想法說出來！

不過，相處了幾天，我不得不承認，我的確是被陪伴的那一個。而且不僅是被陪伴，還是被治癒的那一個。

回家的第一天，妍妍就讓我帶她去公園玩泥土。我很驚訝，不是都說現在的孩子都喜歡玩手機嗎？

我不解地問：「泥土有什麼好玩的？天氣這麼熱。」

妍妍說：「泥土裡面好玩的東西可多著呢，有大螞蟻、螳螂、蚱蜢、天牛、螞蚱……」

我媽說，妍妍最喜歡去玩泥土，她對那些小蟲子可著迷了。我這才知道，妍妍是個昆蟲迷，一天到晚都在找昆蟲、研究昆蟲。

為了避免被太陽曬黑，我塗了厚厚的防曬霜，和妍妍早上七點半就出門，為的是十點之前就回來。到了公園，妍妍就興奮地跑走了。我看看天上明晃晃的太陽，把防曬帽的帶子綁緊一點，同時小心關注著是不是有蚊子襲擊我。

我說：「妍妍，你小心有蚊子啊。」

妍妍：「姨姨，我正想找蚊子呢。」

我：「為什麼？」

妍妍：「我想看看蚊子的嘴巴是怎麼吸血的。」

我說：「蚊子的嘴巴很長，直接刺入你的皮膚。它不僅吸血，還會傳播疾病，最可惡了。」

妍妍卻說：「我覺得蚊子也很可憐的，它吸血是為了生寶寶啊，公蚊子就不吸血的。」這麼一說，我怎麼覺得蚊子吸血也挺情有可原的，甚至還有那麼點柔軟的溫情。

難道維持了三十多年對蚊子的恨，就這麼被一個娃娃顛覆了？

「你要是看到蚊子，先別拍死，讓我看看。」妍妍舉著自己手裡的放大鏡，認真地對我說。

情況不妙！

我馬上轉移目標：「快，妍妍，那兒好像有一隻蟋蟀。」

「在哪兒？在哪兒？」妍妍小聲問，身體也不敢動，生怕把蟋蟀驚走了。

「在那兒！在那兒！」我隨手一指。

看著妍妍屁顛屁顛去草叢裡尋蟋蟀，我暗想：「還想看蚊子是怎麼吸我血的？和我鬥，你還是嫩了點，哈哈。」我暗暗給自己的機智點了個讚。

看妍妍找得這麼開心，我也忍不住彎下腰，噤聲，開始四處尋覓。最後，我倆的戰利品是兩隻蟋蟀，五隻螞蚱。不過，妍妍只留了一隻蟋蟀一隻螞蚱，其他都放走了，說讓它們回家找媽媽。

我說：「為什麼這兩隻不放？」她說，她看出來了，這兩隻是孤兒，可以帶回家玩一會兒，要不然它們也會孤單的。

我只好看著她把兩隻「孤兒」帶回家，陪她玩了一下午。

天快黑了，我又被妍妍拉去尋知了（蟬）。我倆拿著手電筒，我媽也加入了我們的隊伍。

我感覺就像回到了小時候，和小夥伴們在村子附近的小樹林裡，一棵樹一棵樹地找正往樹上爬的知了。那時知了多啊，要不了多久，就能捉到滿滿一個罐頭瓶的。

現在，樹少了，知了也少了。我們三人拿著兩個手電筒，在環村路上，這棵樹照照，那棵樹照照，常常走很遠，什麼都沒找到。好不容易找到一隻，那是真的開心啊。

「知了真的在地底下藏了十幾年才出來嗎？」妍妍把一隻知了放在手心，輕輕地托著，抬頭問我。

我說：「是啊，聽說最長的會在地底下待十七年，最短的也有三年呢。」

妍妍想了一會兒又問：「那你說，知了在地底下的時候，會不會害怕？地底下那麼黑。」這個，我得承認，我也答不出來了。

看著遠方漸濃的夜色，偶然有汽車的燈光掃過來，我忽然心生感慨：童年的彩色是什麼時候褪成了灰色？我是從什麼時候對周圍的一切失去了好奇心？

若是單純因為生活的忙碌和工作壓力，而忽視了那些未知的新鮮事，那豈不是太可惜？

「妍妍，這些知了，你回家是想炸了吃還是烤了吃？」我媽在旁邊問。不得不說，我媽成功地用一句話把我拉回了現實。

「不，外婆，我就想看看它們是怎麼變出翅膀的。」看著妍妍小心呵護著手心裡的知了，我多想對妍妍說，如果可以，請你就這麼一直天真下去吧。

03

雖然人在每個年齡階段都有自己該做的事，雖然我們最終都會長出皺紋和白髮，但我們的心可以永遠保持柔軟，永遠保持單純。

不必總是一副老氣橫秋的樣子，不必總是刀槍不入的樣子，也不必總是生活欠你錢沒還的樣子。

有什麼大不了的呢？

你的心是活蹦亂跳的，你可以淘氣一點，可以笨拙一點，甚至可以瘋癲一點。

就算你成了現實世界裡的大人，也要在內心世界繼續做一個小朋友。

做大人做累了，就去當一當小孩子吧。就像濟公那樣，一把年紀了，還和一群娃娃玩得躺在地上打滾，開懷大笑。

像大人一樣生存，像孩子一樣生活，願你一直保有赤子之心，在無趣的日子裡品嘗出甜蜜，在平凡的生活裡找尋純真的快樂。

不用太特別，日子也能處處美好

01

曾經，我幻想自己能有一間像詩人海子描述那樣的房子：面朝大海，春暖花開。

我想像著自己沖完澡，換上舒適的家居服，光腳踩在乾淨明亮的地板上，目光所及是一望無際、在太陽下藍得耀眼的大海，天邊慵懶地飄著幾片白雲。

打開窗，請微鹹、濕潤的海風吹進來抱抱我。

傍晚，套上一條長裙，隨意穿著一雙人字拖，下樓幾分鐘就能踩在沙灘上。

在沙灘上，任何鞋子都是多餘的。

甩掉人字拖，一步一個腳印，讓十個腳趾頭和腳心、腳掌，認真地、細緻地感受沙子的溫熱。

朝前走走，海浪溫柔地漫過來，一邊輕輕親吻我的腳丫，一邊傾訴著最迷人的情話。

抬眼望去，晚霞滿天，幾隻海鷗掠過海面，牠們也要回家了吧？

或者，有時候碰上大海正在生氣，黑色的海浪翻滾著，怒吼著，天空也是陰沉沉的，似乎愁容滿面。這時候，關緊窗戶，如果不打算看書，就打開暖色光源的壁燈。

地板上一定要鋪有軟軟厚厚的墊子，我可以隨意地坐在上面，聽聽音樂，看看電影。想聽什麼類型的歌都可以，懷舊的、流行的，輕柔的、搖滾的；憂傷的、歡快的；古典的、現代的……隨意播放，只要在那一刻我喜歡。

想看電影也好，愛情片、偵探片、科幻片；喜劇、悲劇；歐美的、香港的……想看什麼都隨意，只要那一刻我喜歡。

或者，什麼都不做，發呆也好。聽外面海浪的聲音，海風的聲音……

因為這是我的家，外面是自由的大海，屋裡是自由的我。

02

現實是，我依然在車水馬龍、喧囂不斷的城市裡努力地活著，習慣了車站擁擠的人群，習慣了缺乏人情味的「鋼筋水泥」森林，習慣了速食、外送、急件，習慣了發完薪水繳房貸、水電、電話費、交通費，買米、麵、油、肉、蛋、蔬果，買日用品、護膚品……

我不再指望有一間房子能夠面朝大海，春暖花開。因為就算有，我很可能也沒時間去住。更因為我已經找到了在這個龐大都市夾縫中生存的方法，雖然每天早上匆匆出門，白天忙忙碌碌，筋疲力盡，但我內心仍然有歡欣，有滿足。

因為我知道，下班了，有一間小屋在等著我。那裡雖然沒有遼闊無比的大海，卻有賞心悅目的春暖花開。

我的房子在一個老舊社區，小小的一室一廳，外牆斑駁，天然氣也是後來才接通的，管道就很醜陋地暴露在外面。

但好處在於社區環境不錯，窗戶外面有一個小小的花園。花園邊是被修剪得平平整整的常綠灌木叢，裡面是被分割開的小塊田地，種了不同花色的玫瑰和一些不知名的花，還有兩棵垂柳、幾棵槐樹，以及幾株被修剪成大圓球的海桐。

冬天過去，天氣漸暖，若老天能賞一點貴如油的春雨，花園裡就會偷偷地冒出點點綠意。

在春風呵護下，柳樹也會在一夜間吐出小小的嫩芽。常綠灌木開始長出新的葉子，生機勃勃的新綠，在被冬天寒冷虐得失去色彩的舊綠映襯下，越發顯得容光煥發。

我覺得，沒有一個季節，比春天更能展示出生命的力量。

到了五月，社區主幹道兩邊長著高大的槐樹，走在路上，陣陣清香撲鼻而來。社區裡的叔叔阿姨會拿著鉤子，勾下一串串槐花。有的小花已完全盛開，有的還呈現微微彎曲的月牙形，像少女一樣含羞，襯著綠色的花蒂和葉子，即便只是拿在手裡，就已經很誘人了。

吃過晚飯後，我喜歡在社區裡閒逛。

天氣不冷也不熱，花花草草都在努力地把身體裡的能量釋放出來。到處是流動的綠、淺淺深深的紅，草叢裡藏著各種各樣的小生命，潮濕的土裡是壓抑不住的蠢蠢欲動和生命的吶喊。

03

當初買這個小房子的時候，我是狠下心的，為了湊夠頭期款，我借遍了身邊的親朋好友。拿著東拼西湊的錢付完頭期款，還背上了很大一筆貸款。但我辦完過戶手續後，反而有一種鬆口氣的感覺。

那一刻，我覺得在這個城市生活，我總算有點底氣了。

沒錢重新裝潢，房子簡單收拾了一下，我就和五年多的租屋時光正式告別，搬進了我自己的家。

為了還貸款，我白天上班，晚上兼職。那時，壓力真的非常大，熬夜熬得頭髮一把一把地掉，但現在，我覺得自己做的最正確的事情就是逼著自己買了房。

不管在外面多辛苦，一想到這個城市裡有一盞燈在等我回家，心裡就生出了些許欣慰。

房子外面，沒有自由的大海，但房子內，有我自由的靈魂。

客廳很小，但足夠我窩在沙發上看書。

廚房不大，但夠我在裡面料理一點美食。

臥室只有一張床，但夠我做夢，發呆，憧憬。

房子裡只有不大的兩盞吊燈，但打開來，也蠻有燈火可親的感覺。

關上門，這裡就是我的世界。

在這裡，沒有任何人的羈絆，沒有喧囂和紛爭，我只需要單純做自己。

在這裡，我可以放心入睡，自然醒來，不需為外界的吵鬧煩心。

在這裡，我可以給我的電腦、水杯、毛巾、髮飾、圍裙、拖鞋，都取一個溫暖的名字。

我在自己的心裡裝滿愛和滿足，推開窗戶，就算外面天寒地凍，我也能感受到即將到來的春暖花開。

窗外，一隻吃飽的流浪貓在花園裡悠閒地踱步，褐色的桃枝也已泛紅，幾隻小鳥在枝頭熱烈地討論著什麼。

當春天忙著喚醒這個世界，我就知道，所有美好都會紛至沓來。

從明天起，我將告訴路過的每一縷微風：我很幸福！

沒什麼大不了，吃顆糖就能忘記煩惱

01

在生活中，似乎總是會不斷重複播放一些糟透了的片段，令你身心俱疲。

買咖啡排隊的時候，一個陌生人突然插隊到前面，你秉持著多一事不如少一事的行事原則，沒有說話，但內心卻久久無法釋懷。

擁擠的捷運上，不小心被人踩了一腳，雖然對方及時道歉，但你還是因此愁眉苦臉。

上班遲到被上司點名，你就會一天心不在焉，做什麼都莫名地焦躁。

回到家裡，看見堆了好幾天的髒衣服，想著要將它們一件件洗乾淨，你就覺得煩透了。

忽然發現一直真誠相待的一個朋友，竟然在背後說你壞話，在你背後捅刀子，一想到自己的真心餵了狗，你就心痛得如同被全世界拋棄。

偷偷喜歡了很久的男孩，忽然曬出了和一個女孩的親密合照，就像放在櫥窗裡關注了很久的娃娃，有一天突然被人買走了，你的悲傷簡直要潰堤成災。

但其實，所有的歡樂和痛苦都在你一念之間。

你的心若是悲哀的，你看什麼東西就都會是灰色的，對一切也都不再抱有美好的希望；你的心若是快樂的，即使烏雲密布，你也會因為即將看到風雨後的彩虹而欣喜不已。

所以，重要的不是你遇到了什麼樣的事，碰到了什麼樣的人，也不在於你過的是什麼樣的生活，**而在於你願意把哪一種感受放在第一位**。

有一次，我和客戶馮姐約在咖啡廳見。馮姐比我大不了幾歲，她說話爽利，做事乾脆，不拘小節。

服務生正在把馮姐要的咖啡從手上託盤中取出，就在這時，一個人高馬大的男人路過服務生旁邊，大概是他身材過於壯碩了，有點像移動的鐵塔，擺動的胳膊碰到了服務生。

這位瘦小的服務生身子一晃，就把一整杯咖啡倒在了馮姐身上。我看著馮姐淡藍色的襯衫，從胸以下到袖子，立刻被沾染上了大團大團的褐色污漬，並且污漬還在不斷擴大。

「對不起，對不起。」服務生忙不迭地連聲道歉。我知道那不能怪服務生，要怪就得怪那個太占空間的男人，雖然看著那個大個頭，心裡發怵，但我必須得站在我的客戶這邊！

於是，我不滿地說：「哎呀，怎麼弄成這樣。真是的！」我想，那個鐵塔一樣的男人，至少要敢作敢當，站出來道個歉吧？沒想到，對方好像什麼都沒看到，事不關己地走開了。

我剛想衝著對方大喊一聲，馮姐擺手示意我不要喊，她淡定地說：「沒關係，沒關係，我常常不小心把咖啡灑衣服上，沒什麼大不了。」

我壓著內心的火氣，抱怨道：「什麼人啊！至少也得道個歉吧？」

馮姐笑笑說：「洗洗就好了，不要緊的，沒必要生氣。」最後，服務生送來一杯新咖啡，還額外送了兩小塊蛋糕。

馮姐就這樣穿著帶咖啡漬的衣服，一邊喝咖啡，一邊吃蛋糕，一邊和我聊得熱火朝天。

糟糕的事情發生了，你可以皺眉，可以生氣，可以發火，也可以不放在心上。權當是被路邊垂下的樹枝碰了一下，有什麼可生氣的呢？

生活中有很多事，其實都是自己在和自己較勁。**無論較勁的結果如何，輸的**

都是自己，因為較勁的雙方都是你自己。

02

我們公司每年都會進行年度總評，評選出的最優秀員工會有一份額度不小的獎金。

我的同事佳佳平時表現很出色，人緣也很好，公司的同事都認為她能夠成為這一年的最優員工。佳佳也認為自己勝券在握，為此她高高興興請大家吃了飯，相當於提前慶祝了。

結果很「魔幻」，最優員工獎被另一個員工收入囊中。為此，佳佳整整三天沒來上班。聽說她把自己關在家裡，不吃不喝，躺了三天。

我給她發訊息：今年沒評上，明年還有機會啊，何必這樣折磨自己？但她久久不回，後來回覆說：我是覺得太丟臉了，我連客都請了。

我回道：「昨天我家鄰居跟我說，她家女兒初中班裡，有個男孩和女朋友分手，專門請班上寫字最好看的男生幫他寫了一封分手信，說分手也得有儀式感。」

領悟力極強的佳佳一聽，終於樂了，馬上回道：「那，就當那次吃飯是慶祝我的失利吧。」我欣慰地發出一個遵命的表情符號，另附文字：「有什麼大不了？失利萬歲！」

在這個世界上，不會人人都對你滿意，你想要的東西不一定能得到，你喜歡的人不一定喜歡你，你的長相可能會被人偷偷吐槽，你的事業也未必會一直順利……但是，只要把心放寬了，再糟糕的事，也不是什麼大事。

就像一把鹽，放到一小杯水裡，肯定是要鹹死人；但如果放入一盆水裡，就剩下淡淡的鹹味了；如果放到小河裡、湖泊裡，壓根兒就找不到鹽的味道了。

03

有人說：人生，除了生死，都是小事。我深以為然。

那些愛而不得的執著，遲早都會釋然；那些被最在乎的人在心上挖出的傷口，早晚都要結痂；那些在外漂泊、顛沛流離受的苦，總有一天會落幕；那些只敢在暗夜裡露面的脆弱，終究會生出鎧甲。

何必太在乎一時的得失痛苦？再大的事，三年後都是小事，十年後大概更是蹤跡難尋。

如果我們是一粒小小的塵埃，那我們的經歷連塵埃都算不上。

當你在某個時刻找不到出口，看不到光，在黑暗中掙扎時，有人幸災樂禍，有人落井下石，但你何必與這樣的人生氣？太不值得了。

只要你不在乎，就沒人能夠傷害你。還不如回家拖拖地，洗洗衣服，把垃圾桶倒乾淨，洗個澡，清清爽爽睡一覺。

「睡前原諒一切，醒來便是重生。」

翻開已經有點泛黃的日記本，看到自己在十八歲那年，偷偷寫下的文字：

那一天，我在公園裡流浪。
遠遠地，我看到那個他，走過來，遞給我一根棒棒糖。
一根彩色的棒棒糖。
原來，他也偷偷喜歡我。
我開心得流出眼淚。
孤獨、失望、焦慮、沮喪，全部煙消雲散。
原來，一根棒棒糖，就能讓我忘記所有煩惱。

在深深淺淺的時光裡，我們跌跌撞撞地成長，那些不如意，都會如落葉，在秋天輕輕飄落。寒冬會來，也終會離開，並從中孕育出生機勃勃的美。

每一個普通的日子都是上天的禮物，滿心歡喜地打開它們吧！總會有人對你的故事感興趣，總會有溫暖和你不期而遇，也總會有人，悄悄愛著你。

Chapter 4

生活不需要比別人好，
但一定要比以前好

生活不需要比別人好，但一定要比以前好

01

有一次，公司在年終晚會上安排了一個抽獎環節。我抽到了一台家用除濕器，當時正準備買一台，沒想到抽獎抽到了，自然是萬分開心。

但很快，我就不開心了。

因為跟我同一個辦公室的同事抽到了一台高畫質平板電視，另一個同事更是抽到了二萬元現金。相比之下，我的那個獎好像是來湊熱鬧的吧？

我發了個社群貼文吐槽，有朋友在下面留言：「哈哈，看來人的喜怒哀樂都是源自攀比。不過，是不是還有人只抽到一盒面紙？你的也算比上不足比下有餘吧。」想想也是，除濕器比不上頭等獎，但也不是最差的，何況這還正好是我需要的東西。我為什麼還不滿足？

相信生活中有很多人也和我一樣，當得知自己過得比某個朋友強，內心就忍不住沾沾自喜；當得知自己過得不如別人，就一肚子怨氣，甚至覺得連天上飄過的雲都在嘲笑自己。

我們每天辛辛苦苦工作，努力到無以復加，難道就僅僅是為了要比別人活得更好？

有個男生發文問：「前任女友回頭來找我，是什麼心理？她是不是還喜歡我，想和我復合？」

有人在下面回覆：「小夥子，你想多了，她只是來確認你過得是不是比她好，如果你過得不好，她就放心了。」這話聽起來很傷人，而且這種惡意揣測別人的行為也顯得自己格局很小。但我們很多人的內心是不是都藏著這麼一點「幸災樂禍」的小心思呢？

大學畢業的時候，我有兩個關係不錯的同學，她們一起準備公職考試。兩個人一起在大學附近租了間房子，每天一起去圖書館練習考古題，一起分享資料，互相監督、打卡、背誦。兩個人的關係親密得在別人眼裡都快不正常了。

結果，考試成績公布，一個如願以償，一個榜上無名。

本來有成就有敗，沒有什麼可說的，但這兩個在暗夜裡共同奮戰過的戰友，卻選擇了從此相忘於江湖。

那個沒考上的同學對我說：「考上有什麼了不起？看她在我面前得意的，故意氣我的吧。」

那個考上的同學對我說：「我知道她沒考上，心裡很不爽，但也沒必要酸言酸語刻薄我吧。」

一位知名主持人說：「**當你追求的不是幸福，而是比別人更幸福，快樂就要遠離你了。**」但很多人卻在這條與他人攀比的路上拚命爭先，只為了比別人過得好，自己到底快樂不快樂也顧不上了。

你擠破腦袋去考公職，是真心喜歡那份工作多一點，還是享受別人對你的工作流露出羨慕表情多一點？

你想開個小店當老闆，是喜歡每天困在店裡招待顧客多一點，還是不願意聽別人叫自己「打工人」的心理多一點？

你寧可刷信用卡也要買價格不菲的包包和化妝品，是真的需要它們多一點，還是因為閨密、同事都有，自己怕沒面子，怕被她們瞧不起的擔憂多一點？

所以，你沒有時間去想自己到底適不適合考公職、創業，也沒有時間管下個月還不還得了信用卡、交不交得上房租。一門心思和別人攀比，你會發現比自己厲害的人越來越多，而且有人甚至沒出生就已經贏了大多數人。

所以，有什麼好比的？只有越比越痛苦，越比越討厭自己。

人生，只有自己和自己比，才有意義。**只要你自己過得比過去好，不就是代表你越來越好了嗎？**

02

記得很久之前看過一個小故事，講的是一個女孩的父親做生意賠了很多錢。住的大別墅換成了小公寓，豪車換成了普通車，但他一點都不難過，每天照舊開開心心，一臉滿足。

女孩很不理解，就問：「爸爸，你不傷心嗎？」

爸爸說：「傷心什麼？你不知道，我曾經一無所有，連吃飯都成問題。現在，我有事業，有你媽媽，還有你。相比之前，我現在可是妥妥的人生大贏家，有什麼好傷心的？」

是啊，現在的我們，已經比過去的我們擁有太多，為什麼仍然不開心？因為我們選錯了比對物。拿別人擁有的做比對物，即使自己擁有家財萬貫也不會開心。

以自己的過去為參照，**活得比自己的過去好，擁有的比過去多，就很值得開個派對慶祝一番了。**

電視劇《去有風的地方》，我一集不漏地追完了，除了對裡面的古鎮、洱海念念不忘，特別想去旅遊打卡外，我也覺得裡面其實隱藏著不少樸素的人生哲理，值得慢慢、反覆品味。

其中有一集講的是男主角謝之遙以去郊遊為藉口，呼攏租客們幫忙鳳姨家採摘梅子。鳳姨家是公認生活條件比較差的家庭，鳳姨的女兒十幾歲就去世了，兒子又因為偷竊進了監獄，家裡只剩下鳳姨和老伴。兩個人省吃儉用，拚命幹活，想為即將出獄的兒子存一些做生意的本錢。

忙碌了一天後，許紅豆在那發呆，謝之遙上前問她在想什麼。她說在想鳳姨，覺得她真的好難。謝之遙則淡淡回道：「現在社會壓力大，都挺難的。」

許紅豆有點不滿地反駁，那不一樣，人在還有選擇的時候就不能說難，最多叫不容易。她還解釋「難」和「不容易」的不同之處，她打了個比方，說大家都是摸著石頭過河，有人吃著火鍋唱著歌，船就開過去了，挺容易的；而鳳姨是在河裡游著游著，忽然漲了水，接著就被命運的洪流帶走，一路嗆著水，也不知道被帶到哪兒去了。

沒想到，謝之遙思索了下，說：「我覺得他們還好吧。」

許紅豆被他的話驚到了，提高聲量說：「這種程度還叫好啊！」

謝之遙反問她：「是不是要把所有人都放在一條線上來比較？誰更難，誰相對難？」許紅豆沒說話。

謝之遙說，「容易」、「不容易」和「難」，雖然有一個公認的標準，但每個人的起點不一樣。有人出生就贏在了起點，他們的火鍋裡要是少了龍肝鳳膽，他們都會覺得很痛苦，而且是真的痛苦。每個人對苦難的感受和看法不同，怎麼能放在一條線上比較？

許紅豆看著他，依舊沒說話。

謝之遙繼續說，不管一個人處在什麼位置，總會有人比你更難，也總會有人比你更容易。所以呢，人只能跟自己比，跟之前的自己比。

許紅豆就是站在大眾的標準上來做判斷，拿鳳姨家和別人家做比較。而謝之遙是拿鳳姨家的現在和她家的過去比。他覺得鳳姨家過去是挺難的，但最難的時候顯然已經過去，兒子快要出獄，接下來的日子只會越來越好。

這一集我看了兩遍，尤其是謝之遙和許紅豆的這段對話，我反覆看了好多遍。

那段時間，我正在因為要不要換個薪水更高的工作而糾結。因為之前的同學，要麼考上公職，從此工作穩定；要麼升職加薪，成為公司獨當一面的人物；要麼就是辭職創業，辛苦但有希望。

當身邊的人前程一片錦繡，我開始焦慮，覺得自己一直過得不溫不火，實在讓人惱火。謝之遙這段話，不但說服了許紅豆，也治癒了我的精神內耗。

我問自己，我的努力和改變，到底是為了變得比以前的自己更好，還是為了比別人更優秀？也許看起來兩者導致的結果可能是一樣的，但實際上存在著根本的不同。

如果是為了追上別人而努力，那很可能會做出違背內心的選擇，給自己帶來更多的痛苦和麻煩。相反，**如果是為了比自己的過去更好，就會更加關注自己內心的需求，做出更符合自己長遠利益的選擇。**

當我冷靜下來，開始思索這個問題，內心的矛盾和糾結都消失了，堵在心口的冰塊也悄然融化了。

03

也有人說，看見別人比自己過得好，那不是化嫉妒為動力嗎？

沒錯，嫉妒可以化作動力，但它是一柄雙刃劍，也可以化作仇視，讓自己做出危險的行為。因為你的改變源自被別人比下去的恐懼，**一旦發現比不過別人，就很可能走向另一個極端——躺平**。好像只要自己躺得足夠平，就能避開內耗的旋渦。

而如果只是和自己的過去比，目標和追求就很明確。也許你的進步不大，成績不那麼明顯，但你的生活是充實的，那麼你的努力就有意義。

把一個老頭逮到一條大魚寫成一本世界名著的海明威說：「比別人優秀並不

高貴，真正的高貴是比過去的自己優秀。」

這句話，希望你我能一直謹記於心，帶著對未來的憧憬和美好，不焦慮，不著急，溫柔而堅定地向前走。

一切都是成長，包括熱淚盈眶

01

小時候，我是個愛哭的孩子，踩到一隻螞蟻，都能讓我眼中含淚。因為愛掉眼淚，我經常被同學們取笑，我也曾為自己的這個毛病自卑不已。長大後，我就儘量減少去接觸那些容易觸發內心情感開關的場面和事情。果然，掉淚的次數越來越少了。

有時候，我甚至都不記得自己上次流淚是什麼時候了。這讓我很開心，為自己的變化感到欣慰。

上大學期間，有一年春節回家，舅舅半開玩笑半感慨地說：「小時候的愛哭妞兒，現在都長這麼大了。」說得我很不好意思。我覺得，內心變得堅強，就是成長吧。

只是有時候，又很困惑，這到底算是堅強，還是堅硬？或者應該叫麻木？

直到我看到這樣一句話：「你越來越冷漠，你以為自己成長了，其實沒有。真正的成長，是你越來越溫柔。」

我的心被狠狠地戳了一下。

原來，冷漠、堅硬，並不是長大的樣子，溫柔才是。

02

從小的玩伴莉莉是個大剌剌的人，對什麼都滿不在乎，像個男孩子一樣調皮搗蛋。她小時候做過的一件事，到現在提起來，還讓人膽戰心驚。

那時候，我倆都還沒上小學，整天黏在一起玩。因為她家的廚房裡總是有老鼠出沒，她奶奶就從鄰居家借來一隻貓，用一根長長的繩子拴在廚房的一張椅子上。為了讓牠賣力捉老鼠，奶奶只給牠吃很少的食物。

大概是因為被困在廚房裡，又餓著肚子，貓很不開心，總是喵喵地叫。當時我倆在外屋看動畫片，那隻貓在裡屋的廚房裡叫得人心煩。忽然，莉莉跑進廚房，我也跟著進去了。

然後，我看到莉莉去追那隻貓，貓拖著椅子逃跑，不知怎麼搞的，把燒在爐火上的一壺水給撞倒了。結果，壺蓋掉落，裡面滾燙的水潑在了貓身上。貓發出淒厲的叫聲，莉莉和我都嚇壞了，一動也不敢動，也不知道怎麼辦。

大概是聽到了貓的慘叫聲，莉莉的奶奶跑進廚房，一邊把莉莉拉開，一邊生氣地說：「我的祖宗哎，貓要被燙死了。」

貓被救下來之後，縮著脖子躲在椅子底下，叫聲變得很微弱。那時候也沒什麼寵物醫院，莉莉奶奶就給貓塗抹了一些燙傷藥膏。貓的身體上被燙到的地方毛都掉了，露出紅紅的皮肉，看著很嚇人。

過了一段時間，莉莉告訴我，貓死了。

前不久，和莉莉聊天，我提到了這件事，她說：「那隻貓燙傷後就不吃東西了，現在想想，真是恨那時的自己，為什麼要去追牠呢？」

莉莉說，現在大概是因為有了孩子吧，真是見不得小動物受一點點傷害，看到小蟲子都不忍心去捉，想著那也是一條命。要是看到有孩子被虐待，滑到什麼繼父繼母打孩子的影片，都看不下去。

有人說，自從做了媽媽，才忽然一下子理解了媽媽的愛，也理解了媽媽的無助、無奈和無力。

那一年去看《唐山大地震》，坐在我旁邊的是一對夫妻，帶一個小男孩。

我記得幾乎是從電影開始，地震來襲，房屋倒塌，地面裂開，李元妮和丈夫瘋了一樣去救自己的兩個孩子……坐我旁邊的那位妻子就開始擦眼淚，擤鼻涕，在被要求救女兒還是救兒子直接做選擇的時候，她更是崩潰失聲，不能自已。

小男孩好幾次拉拉媽媽的衣服，小聲地說：「媽媽，媽媽，別哭了。」雖然我也流淚了，但那時候我對她從頭哭到尾並不能理解，雖然電影很感人，但也不至於一直哭個不停吧？

現在，我能理解了，因為她是媽媽，她一定是體會到了選擇救一個孩子而放棄另一個孩子的那種撕心裂肺的痛。

有人說，年齡越大越容易被生活中微乎其微的小事所觸動。因為經歷了世間冷暖，反而更能理解每個人的不容易，所以更容易被那些小小的溫情感動得一塌糊塗。

03

八月長安在《最好的我們》裡寫道：最容易令人感到溫暖和驚喜的是陌生人，因為你對他沒有期望。我覺得不僅僅是因為我們對陌生人沒有期待，還因為我們都是陌生人中的一員。我們吃過生活的苦，才願意去珍視那一點點甜。

前幾天看電視，看到一個九〇後媽媽帶著大約兩歲的孩子去送外賣。因為害怕超時，她一邊打電話給客戶提醒取餐，一邊下車跑著去送餐。也許是太著急了，她不小心摔倒了，裝外賣的袋子摔在地上，食物撒了一地。

這時候，取餐的中年女子剛好出來，趕緊將送外賣的年輕媽媽扶起來，並關切地問她：「有沒有摔傷？要不要緊？」旁邊又走出來一個中年女子，恰好看到外賣員車上的孩子爬了下來，連忙飛奔過去抱住孩子：「你幹麼還帶個孩子？多危險啊！」

送外賣的年輕媽媽一邊對扶自己起來的客戶表達歉意，說要賠償對方，一邊解釋孩子在家沒人看，就帶出來了。

取餐的中年女子擺擺手，拒絕了賠償，她說：「食物沒關係的，沒受傷就好，你自己要注意安全。」

這段影片看得我直掉眼淚。我想起自己剛來北京的那一年，因為當時很多車還是有售票員的，所以我沒有提前換一些零錢的習慣。當時人很多，我隨著人流上了車，才發現自己坐的那輛車恰好是無人售票車。

車已經啟動了，我手裡只有一張百元的紙鈔。我小心地詢問司機，是否可以幫忙找錢，對方說自己也沒辦法。聽著車上不斷重複播放「請準備好零錢」的聲音，我窘迫地拿著錢，不知道該怎麼辦。

「你倒是找人換零錢啊。」司機有點不耐煩地說。

我感覺臉上火辣辣的，不知道該找誰去換零錢，尷尬極了。

這時候，一個阿姨走過來說：「小姑娘，我正好有零錢，我跟你換吧。」

我慌忙點頭，把錢遞給她，連謝謝都忘了說。

即便在一個城市很久了，有時也覺得那裡還不是家，因為疲憊的時候、孤獨的時候，還是會想家。但有時候，又覺得這裡就是家。因為在這裡遇到困難的時候，也會得到善意的幫助；在難過的時候，也會得到暖心的安慰。

尤其是在那些奔波忙碌的日子裡，親人在遠方，自己也常常是報喜不報憂。而恰恰是身邊的朋友、不是很熟悉的同事，甚至是陌生人，看到了我的窘迫，拉了我一把。

也許僅僅是舉手之勞，但也讓我感到這個世界是那麼溫暖和可靠。

04

保持內心的善良，保持內心的溫柔，珍惜那些熱淚盈眶的時刻，甚至是失聲痛哭的時刻，因為，這就是成長。

一個標題為「這個世界總有人偷偷愛著你」的影片曾在社群平台上爆紅，引得無數人熱淚盈眶。

永遠不要放棄，永遠不要覺得這個世界不值得留戀。因為這個世界上，一定有人偷偷愛著你，溫暖你。

因為被這個世界溫柔地愛過，所以也願意在別人需要的時候伸出援手。

我們披上鎧甲，拿上盾牌，不是為了讓自己刀槍不入，而恰恰是為了保護內心那點脆弱的溫柔。

這點溫柔，就是悄悄盛開在生活中的小花，也許不那麼醒目，也不香氣逼人，但它是我們長大的標誌。

因為成長從不張揚，總是在默默中蛻變。

願你我永遠年輕，永遠熱淚盈眶。

另外，悄悄告訴你一個我從沒告訴過別人的小秘密。每次買菜，我都會順便帶兩顆洋蔥。為什麼？

因為我覺得流淚好丟人，沒人的時候我也不願意哭泣。如果在家裡忽然想哭，我就會去切洋蔥。

切著洋蔥，我就可以心安理得地讓眼淚流下來。
如果你和我一樣，那也和我一樣切洋蔥吧。
你掉眼淚，不是因為脆弱，洋蔥知道。
你掉眼淚，是長大了，你的心知道。

風華正茂的年紀，你要無所畏懼

01

我常在自媒體上不定時地發一些隨思隨想，長短都隨心，有時候也會收到一些評論。

有一次，我收到一個女孩的留言。她說自己二十九歲，在老媽眼裡，是典型的「剩女」一枚。做著一份吃不飽、餓不死，也存不到錢的工作，畢業五年，存款三萬元，房子在偏鄉，老爸付頭期款，自己每個月還房貸。沒有車，每天騎一輛摩托車上班。想換一份工作，或者去大城市闖一闖，但又沒有勇氣，因為自己學歷不高，也沒什麼特長。

最後，她總結了一下自己：一把年紀了，沒戀愛，沒事業，沒嗜好（如果騎摩托算是嗜好，那也勉強算有，不過不比賽，不飆車，單純喜歡騎摩托時被風吹撫的感覺），還那麼窮，感覺挺沒出息的。

她過著不知道被多少人羨慕的人生，自己居然不知道？還把自己說得像個廢物，簡直沒天理！

我給她回覆：親愛的，你說你沒有勇氣，我倒覺得你一點都不缺勇敢的心。騎摩托車的女孩，誰敢說她不勇敢？想一想，一個女孩子，騎著摩托車在路上飛馳，實在是又酷又炫好吧？我承認我已經羨慕了。

最後，我也學她加個括弧，寫了一句：二十九歲的年齡，是一生中最美的時光，是不是剩女，誰說了都不算，只有你自己說了才算。

風華正茂的年紀，也許不完美，但只要你願意，你就能所向披靡。

關鍵就在於想不想，願不願意。

只要自己想，就算你已經四十歲，也有千條路可尋；如果自己不想，就算是十八歲，千萬條路也會走絕。

02

在一次去東北的旅途中，我結識了曉英，她是從北京回老家哈爾濱探親的。因為聊得來，我和她一見如故，臨時決定改行程，請她做嚮導，先去哈爾濱市下屬的木蘭縣轉轉。

兩天下來，我們把彼此近十年的人生軌跡都互相了解了一遍。

曉英是在哈爾濱上的大學，畢業後進了一家比較有名氣的企業。沒想到的是，公司規定所有員工必須先在公司的郊區廠房待上幾年，才有機會調回大城市。那時候，她穿著工人的工作服，灰頭土臉地穿梭於生產線。身邊的人都抱著靠單位養老的想法，尤其是女孩子，每天談論的就是嫁給什麼樣的男人，才能換來逆襲人生。

郊區的廠房附近還沒發展起來，比較荒涼，娛樂設施也少得可憐，去個超市都要步行好幾公里。曉英不甘心，她不願意在這裡混下去。

她准備考研所究。因為怕別人在背後說三道四，又怕考不上丟人，備考都是偷偷進行的，像地下工作者一樣折騰了幾個月，她忽然覺悟：考研究所有什麼丟人的？與其瞻前顧後，不如乾脆背水一戰，誰怕誰？

於是，曉英一怒之下辭掉了工作，在自己的大學附近租了個房子，開始全力以赴準備研究所考試。

她每天五點準時起床，風雨無阻地趕去圖書館，一直待到圖書館關門，回到租屋處繼續看書到晚上十一點半。她刪除了社群軟體和所有的遊戲，不看社群、不刷影片、不玩遊戲。

整整八個月，她順利考上了北京工商大學研究生。

畢業後，又順利地留在北京，成功地和過去告了別。

誰不是一路披棘斬荊，拚殺過來？當你認定自己要走的路，然後像鐘錶上的時針那樣，不給自己退路，你自然就能所向披靡。

在小紅書上看到有女生說，在布滿荊棘的生活戰場上，我們必須假裝自己是女鬥士，要奮力殺敵，勇往直前。最後有沒有贏沒那麼重要，重要的是你經歷了殘酷的戰場，看過了哀鴻遍野的場面，再遇到苦難就會比較淡定了。

不求戰無不勝，但求每一次前進都竭盡全力。

別剛剛奔三，就叨叨自己老了，三十歲難道不是人生最適合全力以赴、熱情燃燒自己的年華嗎？二十歲的時候，我們可能還會夢想著嫁給王子，從此過上童話般的日子。進入社會後，我們不斷被來自各方的壓力推著向前走，也開始看到社會殘酷的一面。

到了三十歲，我們終於明白，**好的人生，都是自己拚出來的**。

03

某個問答平台上有人問：女生有必要很拚嗎？

我很喜歡其中一個人的回答：很多人都覺得女孩子嘛，差不多就行了，將來有個穩定點的工作就行了。最重要的是要嫁個好老公，有人寵，有人疼……但我不這麼認為，作為一個獨立女性，我想要的太多了。我想要精緻的護膚品和化妝品，想要一間屬於自己的房子，想要一輛完全由我使用的汽車和一場說走就走的旅行……

這些伸手向別人要，怎麼好意思？

有沒有人願意給是一回事，就算有人願意給，我還未必願意接受呢。所以，只好委屈自己努力加油嘍。想要的東西有那麼多，卻不想為此太辛苦，又沒人替你負重前行替你打拚，那這種理想中歲月靜好的日子也就真的只能是想想了。

可能有人會說，如果家裡有錢，情況是不是就不一樣了？

在認識同事陽陽之前，我一直都認為，人都是天然的懶惰動物，也是天然喜歡享受的動物。如果錢足夠多，誰還上這破班？早就打包去國外度假了，去倫敦餵餵鴿子，去芬蘭看看極光，去挪威看看步道石頭，去瑞士看看萊茵河，不好嗎？

週六晚上十點，我洗漱完畢，正準備上床追會兒劇就睡覺。手機微信提示音響了兩下。我抓起來一看，是陽陽。她發消息說很抱歉，想請教我一個工作上的問題，希望不會打擾到我。大週末，這麼晚了，還忙著解決工作上的問題，我雖然有點不情願，但也不好意思拒絕。

我當即回覆了一個笑臉，問：「放著輕鬆自在的日子不過，非要當拚命三郎，你是不是傻啊？」

陽陽秒回道：「哈哈，對，就是傻。我在整理一份報告，今天晚上不搞定，我實在睡不著啊。」無奈，我只好和她通了視訊電話，討論了半小時。

如果是一般人這麼賣力，我也不會如此驚訝，頂多會認為對方上進心比較強。

但陽陽可不是一般人，她是個貨真價實的富二代。她的父親是著名的企業家，身價不菲，但陽陽從沒提過自己的父親，我也是無意中得知的。

當時想起她常常前一天熬夜工作，第二天早上在公司猛灌黑咖啡的樣子，我實在難以相信這個看起來普通的女孩子，從出生那一刻就已經實現了財富自由。有一次，我逮住機會調侃她，家裡條件那麼好，老爸怎麼捨得她出來吃苦？她哈哈一笑，說她可不是在吃苦，對於上班，她是甘之如飴的。

我正色道：「說正經的，你幹麼每天這麼辛苦加班，家裡又不缺錢。」

陽陽想了想，認真地說：「我爸有錢，那是他賺的，我拿著花也太沒有成就感了。我自己賺錢自己花，才有成就感啊。」

後來，我和一個朋友聊天，聊起此事，他也感慨地說：「我認識很多家境優渥的人，也都很拚。他們基本沒有法定假日和休息日的概念，學習、鑽研新技能就好像是他們的休閒娛樂活動。」看來，一定有什麼東西限制了我的想像力。

原來，努力對很多女生來說，可不僅僅是為了賺錢買買買。努力工作，在給她們帶來物質滿足的同時，也為她們帶來了心靈上的自由解放，並為她們贏得了整個社會的尊重。

所以，努力吧，年輕的女孩子！願你不要辜負這一去不復返的青春韶華。

光終究會灑在你身上，你也會燦爛一場

01

出差路過大學好友小鳳所在的城市，我們約在一家西餐廳見面。她因為一個選題會，整整遲到了半小時。不過我沒有絲毫怨言，因為我理解她的忙。她剛剛升了職，成為一家知名雜誌社的主編。

一見到她，我忙不迭地起身道賀：「恭喜，恭喜，從一個無名小編晉升為大主編啦。」

「哎呀，不過是無心插柳……」她謙虛地擺擺手。我誠懇地說：「你就別謙虛了，這是你應得的，也不枉你默默努力了那麼久。」

小鳳是我身邊少有的目標明確的朋友，她上大學的時候，就明確地說自己以後一定要去旅遊類的雜誌社上班。畢業後，她只選旅遊類雜誌社投履歷。當然，最後也得償所願。

不過，這份工作可沒她當初想像的那麼美好——各個景點走走，旅旅遊，拍拍照。因為雜誌社要生存，就必定要有銷量。銷量的壓力，那可不是鬧著玩的，那是實實在在背在身上的石頭，經常壓得小鳳喘不過氣來。

當然，小鳳不是那麼容易放棄的人，既然這是她的夢想，那麼再難她也要全力以赴。但現實最無情的就是，努力了不一定會有回報，很多事情根本不是你一個人努力就能解決的。小鳳因為常常外出取材，旅途勞頓，再加上有時候還要風餐露宿，入職不到一年，人就變得又黑又瘦。

外出取材後回去還要趕稿子，常常熬夜，吃飯又不規律，終於熬成了胃潰瘍。

三年過去了，她還是一個小編輯，甚至連薪水都沒什麼大的變化。有時候她也會覺得自己是不是應該試試別的單位，但最終還是在糾結中留了下來。

五年過去了，她還是一個小編輯，要說變化，就是頭髮明顯變少了。她開始懷疑自己的能力，到底適不適合做旅遊編輯？

在這種自我懷疑中，她還是決定繼續做下去。

做小編的第八年，她做了一個素人背包客的專題。想不到不僅捧紅了一個素人背包客，還帶旺了雜誌，銷量直線往上升。就這樣，多年勤勉的工作資歷加上這次的爆發，讓她很快被晉升為副主編，專門負責雜誌素人旅行者單元的內容設計。

晉升通知發布，面對周圍同事的羨慕和朋友的讚美，小鳳顯得有點不好意思。她總是認為自己的成功來自於偶然，若不是她偶然認識了那位有趣的背包客，這樣的好事根本落不到她的頭上。

但我覺得，這既是偶然，又不是偶然。若沒有她長達八年的堅持，即便遇到了這份「偶然」，她也無法接住它。她在一個旅遊討論區看到這位背包客發的長文，和其他背包客不同，這位背包客的文字很有趣，很多觀點更是讓人耳目一新。

一般來說，大多數旅遊類圖片和文字都是主打一個美字，而這個背包客的圖片和文字呈現出來的更多的是真實。那些圖片明明沒有經過修飾，呈現出一種粗糙、滄桑感，但看起來反而更加令人動容。還有他在路上遇到的那些並不驚天動地的事，在他娓娓道來之下，也給人一種很強的共鳴感。

出於職業的敏感，她意識到這位背包客應該有很多可挖掘的東西。於是，她一直密切關注這位背包客，並想辦法和他取得了聯繫，經過幾次溝通，她意識到這個主打真實的主題或許是旅遊雜誌當下突破瓶頸的關鍵。

於是，小鳳決定做一期關於「真實」的旅遊專題。為了做好這個專題，她花了很多功夫去蒐集資料，列出一系列的採訪計畫。考慮到一個背包客的故事會顯得單薄，她又尋找了更多有類似經歷的旅者。當她把自己的工作成果展現在主編面前時，立刻得到了主編的認可，同意下期雜誌將以大幅版面刊登她的專題。

結果，那一期雜誌賣得相當不錯，那個素人背包客也因此開始走入大眾的視線，小鳳更是憑此一躍成為雜誌社的副主編。

一件事情，只要是你喜歡做的，你又能夠持之以恆地做下去，那就不會錯，這樣的努力大多都會有好的回報。

02

努力的過程，就像孕育珍珠，歷經無數次的磨礪與堆積，其間的疼痛，其間的無望，都好像漫長得沒有邊際，誰又是那個能堅持到最後的人？

我自認為是個不善於堅持的人，網路社群剛興起的時候，我也註冊了一個，當時確實是滿腔熱情，確定選題，寫文案，找配圖，學習標題的擬定……一個月過去了，兩個月過去了，粉絲增長速度比蝸牛爬得還慢。然後，我的社群帳號從週更變成了月更，最後不了了之。

再後來，我又註冊了其他社群帳號，但基本也是堅持不到三個月，就都放著不管了。現在，這些APP（智慧手機的應用軟體）在手機裡成了「僵屍」，我已經很久都沒打開過了。在做手機清理的時候，常常被提醒為不常用的應用程式。

曾經的信誓旦旦，曾經的激情澎湃，好像都抵不過任何看不到實質性進展的沮喪，也抵不過一天天累積的失望。

似乎很多人都會有這樣的毛病，尤其是在減肥這件事上。

努力減肥第一週：你信心滿滿地立了目標，昭告朋友你要減肥了。你開始控制高熱量食物的攝取，給自己製作營養餐，下班去做運動，忙得不亦樂乎。結果體重計上的數字，只有小數點後面的數字變了一點點而已。

你的心情如何？

是不是很沮喪，覺得我都這麼努力了，為什麼一點肉都沒減掉？

也許你會想，一週時間畢竟太短，還是繼續努力吧。

努力減肥第二週：你繼續堅持少吃主食，早上的水煮蛋捏著鼻子也要吃下去。午餐偶爾忍不住會吃點肉，晚餐就發狠啃蘋果、黃瓜。但無論如何，你運動的熱情明顯降低了。結果，體重計上的數字仍然沒有什麼顯著變化。

你的心情如何？

晚上躺在床上，感受肚子咕嚕嚕的鳴叫，你是不是開始有點心疼自己？一天忙忙碌碌，連飯都不能吃，這叫愛自己嗎？

不過，為了夏天能穿上美美的裙子，還得繼續堅持啊。

努力減肥第三週：你的運動量明顯少了，也不再制定營養餐。水煮菜裡開始出現了辣椒油，但你仍然儘量少吃。你當然不敢吃蛋糕，也沒有勇氣煮泡麵。結果，體重計上小數點前一位的數字終於變了一點。

你的心情如何？

你驚喜異常，決定把減肥繼續下去。

你是不是想要立即發個貼文，展示一下自己的減肥成果？你開心得要跳起來，似乎繼續吃白煮蛋、水煮菜，也沒什麼了。

努力減肥第四週：下班後，你的運動量已經接近於無。你實在沒忍住吃了一碗牛肉麵，那個香啊，嘖嘖嘖。你想，反正已經瘦了一公斤，一碗麵也沒什麼大不了。不過，你還是不敢吃油條，絕對不去碰火鍋、烤魚。

但，體重計上的數字又回升了一點。

你的心情如何？

你是不是有點崩潰？堅持了這麼久，才掉了半公斤的肉？自己辛辛苦苦，在這個四處飄散著食物香味的地球上，忍受萬惡的饑餓，真的值得嗎？沒有美食的人生，真的值得嗎？連吃美食的權利都被剝奪，這是多麼殘忍的一件事啊！

其實，也許根本用不了四週，你就已經開始坐在餐桌前大快朵頤了。去它的減肥！活著就好，健康就好，哪有那麼多柳腰長腿，前凸後翹？

姐就是個吃貨，姐承認。

當然，也許你從堅持四週變成了堅持兩個月，也確確實實減掉了好幾斤肉，褲子都明顯變鬆了。減肥成功，高興是真高興，這種苦行僧的日子也是絕對過不下去了。掉了那麼多肉了，難道還不能吃一頓火鍋？不能大口吃燒烤？

沒關係，吃一點沒關係啊！

然後，你懂的，在之後的一個月裡，那幾斤肉怎麼那麼認路啊，不僅原路返回，好像還帶了新的姊妹回來……只有那麼少數幾個人，把四週變成了四個月，又變成了一年，四年，乃至於十年……把控制體重這件事變成了一項終生事業。

但生活中，很多女孩大概都和我有一樣的毛病，覺得自己已經「很努力了」，卻看不到「任何實質性的進展」，最後，反而會回過頭來質疑自己「該不該為此努力」。

這種想法其實比不努力還要可怕。

很多時候，我們明明留有餘力，卻總是欺騙自己已經拚盡了全力，還被自己所謂的努力感動到不能自已。你一定會覺得自己難道還不夠拚命，還不夠堅持嗎？是的，在你還沒有被光照到之前，你的努力就還不夠。

唯有在沒有希望的漫漫黑夜裡，在看不到星光的時間長河裡，依然沒有放棄的人，最後才能被光照到。

03

走在路上，我經常會觀察別人的身材，尤其是女性。

有一次，下班路過一家蛋糕店，看到了一個身材很好的背影，姑娘穿著一身一看就價格不菲的休閒西服，踩著一雙白色小跟皮鞋，看起來優雅極了。我假裝要去品嘗蛋糕店門口擺放著供人試吃的小蛋糕，走近了那個優雅的女士。

結果，我驚訝地發現，她的臉上竟然已經有皺紋了，雖然那些皺紋是細細的，淺淺的，並沒有呈現出張牙舞爪縱橫的溝壑，但無論如何，她肯定已經不年輕了。

差不多得有六十歲了吧，我想。

在這份優雅的背後，一定有她曠日持久的堅持。

很多人談起別人取得的榮耀和成功時，總是不屑一顧地說：「她呀，就是運氣好了點……」而被評點的人也往往自謙道：「無心插柳罷了，當初也沒想這麼多……」其實，在這個世界上，哪裡有什麼無心插柳？能夠燦爛一場，無非是因為堅持得夠久。

沒有前期的累積，就沒有最後水到渠成的好運。**每個看似毫不費力的背後，都是無數次不為人知的拚盡全力**。

有人說：「當你試著去投入的時候，沒多久，就覺得自己已經耗盡了力氣；但當你真的傾注了全部精力時，又會覺得自己還不夠努力。」一個習慣「隨波逐流」的人，剛剛努力一下就以為自己是在拚命。實際上，這種努力距離拚命還有十萬八千里。

別努力了三天，就到處抱怨為什麼老天爺從不青睞於我；別看到別人升職加薪，就感歎自己為什麼總是懷才不遇。

要相信，只要你沒有放棄，光終究會灑在你身上，你也終會燦爛一場。

我的沮喪是真的，我的努力也是真的！

01

打了個哈欠，我退出了華為的閱讀APP，習慣性地登錄微信，做睡前最後一件事：點開朋友圈，快速滑一下。看到好友薇薇發的一條新動態，剛聚攏的睡意又散了。

「忽然很難過，又不敢哭出來，每天忙忙碌碌，我究竟是圖什麼？」配圖是一張被後面的燈光拉得長長的影子，看著像是在公車站拍的。

薇薇跟著她老公去杭州打拚有一段時間了，優秀的她進入了一家知名企業，聽說工作壓力很大，幾乎從朋友圈消失了。看這狀態，情況似乎不太妙。

我點開她的頭像，打開對話方塊，關心地問：「怎麼了，是不是不開心？」

薇薇很快就回覆：「你還沒休息？我沒事。」

我不信：「我還不了解你？你要沒事，能三更半夜發這種感慨？」

薇薇傳來一個打我的表情，說：「你還是那麼了解我啊。不過就是職場那點事兒，沒什麼大不了，你要想聽，我明天打電話和你聊啊。」

我快速回覆：「行，你要敢忘了給我打電話，我明天就飛過去，揍你。」

「我巴不得，要不你現在來？我請你吃宵夜。」

「你別誘惑我，我要睡覺了，明天還得早起。」於是，我們互道了晚安，不過，臨睡前我對明天薇薇要給我講的事情還是很期待的。

第二天晚上，薇薇果然如約打來電話。

我打趣道：「怎麼，怕挨揍啊？說吧，我洗耳恭聽。你最好講得有意思點，說不定能成為我的寫作素材，最近正缺素材呢。」不過，沒有我想像中那麼精彩，其實薇薇講的故事在職場上實在不算什麼新鮮事。雖然尋常，也姑且講講吧。

前面說了，薇薇入職的企業算是知名企業，自然是面試者如雲。大約有一千多人面試，經過一輪又一輪的篩選，最後只有二十個人入圍下一輪面試，競爭之激烈可見一斑。最終，只剩下了九個幸運兒，薇薇是其中之一。剛入職的前幾天，私底下還是流傳出一個小道消息：在最終入職的這九個人裡，聽說有三個人早就被內定了，面試、筆試這些不過是走走形式。

午飯的時候，兩個同樣是新來的同事，和薇薇湊在一起吃飯。其中一個憤憤不平地說：「憑什麼啊，我費了那麼多心力才過了筆試，差點沒過面試，那些人憑什麼啊……」另一個壓低聲音說：「據可靠消息，這幾個人都是靠關係進來的，公司風氣都要被這些人搞壞了……」

薇薇雖然當時嘴上忍住沒說什麼，但她心裡也覺得這世道真不公平。本來，這件事對薇薇也沒什麼特別大的影響，直到後來又發生了一件事。

新來的員工都有試用期，還要經過考核才能和公司簽正式的錄用合約。但有幾個新人，剛工作了一個月，就因為「表現良好」，被其他部門借調到明顯更好的職位上去了。

薇薇想著自己為了通過試用期，每天天剛亮就起床，八點半上班，自己總是在七點四十左右就到公司，晚上也從來沒有正常在六點下班過，八點多，甚至九點多下班是常事。即便這樣，每天還要擔心會不會被淘汰。

昨天晚上，她加完班回去，疲憊地走向公車站，忽然覺得很難過，忍不住發了貼文。

我問她：「現在好了嗎？還難過嗎？」

她笑著說：「也就是一時的情緒，有點矯情，現在早沒事了。混職場的人，這點事兒，能算事兒嗎？」

我附和道：「你這情緒管理能力越來越強了。」

她無奈地說：「沮喪也就沮喪一下，沮喪完再繼續努力唄，總不能一直坐那哭吧？」

我深表同感：「是啊，難過就哭一下，哭完抹乾眼淚，該幹什麼幹什麼，這才是成年人該有的樣子。」

該沮喪就沮喪一下，誰還沒點壞情緒？情緒釋放出去了，照樣活蹦亂跳，滿血復活。怕就怕沮喪之後，人卻一直在頹廢裡走不出來，生不出希望，直接在黑暗裡躺平了。

02

我的一個高中女同學哲哲，因為大學入學考試成績不太理想，落榜了。自從高中畢業，我們基本就斷了聯繫。有一天，從來沒在高中群裡發過言的她，在群裡忽然變得很活躍。

在她斷斷續續的發言裡，我了解到她現在在老家附近的超市做倉儲人員。哲哲說：「我可沒法和你們這些學霸比，我就是混日子。有些東西，即使我努力一輩子也不可能擁有，混著唄。」

有同學接著說：「倉儲人員也不錯，工作單純，沒有那些爾虞我詐、拉幫結派、鉤心鬥角，我們這種工作才叫一個心累。」哲哲自嘲道：「幹苦力有什麼好的？家裡窮，我又沒什麼學歷，不幹這個也沒辦法。過一天算一天，這叫『佛系生活』，哈哈。」

沒多久，她又在群組裡說自己失業了，因為工作的時候玩手機被主管發現而開除了。

生活中，有些人調侃自己是混吃等死、自己是廢物，不過是釋放情緒的一種方式，並不是真的就放棄自己了。而有的人，說著頹廢的話，那些抱怨、不滿、失望還真是發自肺腑的。

表面看，這些人是敗在了現實的腳下，其實是對未來太過於悲觀，從決定「喪」的那一天起，就不準備再努力。最後給自己找了個藉口：那就「佛系生活」吧，好像也挺不錯的。

這大概就是擺爛吧！

03

記得很久之前，看到過這樣一句話：「你雖然不能選擇自己的出身，但可以選擇自己最終的歸宿。」若想要贏在遠方，就不能在起跑線上一蹶不振。

沒有人能一直保持熱血沸騰的狀態，**情緒有高潮就會有低谷，我們要允許自己偶爾頹廢一會兒**，你可以狠狠痛斥這個世界的冷漠和殘酷，也要允許自己崩潰時無所顧忌地大哭一場。

曾有段影片引發眾人熱議，一個男子醉倒在深夜的南京地鐵站中，面對員警的詢問，他一開始彬彬有禮，不斷道歉。旋即他就哽咽了：「我和老婆來南京打工，好幾年了，感覺什麼苦都嘗遍了，為了拿到訂單，天天陪客戶喝酒。但是我真的不會喝酒，不會喝酒……」

後來，他的妻子趕到現場，他緊緊地抱住妻子失聲痛哭，不停地對妻子說：

「對不起，寶貝，對不起，我真沒用……」

成年人難過的時候，是真難過，就像被全世界背叛，就像置身於冰冷的地窖，感覺生無可戀。崩潰的導火線，可能只是錯過了回家的最後一班車，也可能是眼看要遲到卻擠不上尖峰時的公車。

有人說，成年人的崩潰背後，都是積壓已久的委屈和無力。非常認同。很多時候，不是我們太脆弱，而是我們堅強得太久了。一個血肉之軀，誰能活成刀槍不入的「盾牌」？崩潰的時候，我們要學會給感情找一個釋放的出口，這樣才能不被生活打倒。

就像雨後天會晴，頹廢之後，我們也會感受到能量的回歸。

如果覺得不公平，就吐槽一下，發洩發洩，然後更加努力。

如果覺得委屈了，就抱怨一下，在心裡罵兩句，然後更加努力。

如果覺得難過了，就哭一場，消極一會兒，然後更加努力。

願一直努力生活的你，在未來的某一天，能自信滿滿地回頭去擁抱那個曾經哭泣的自己。

Chapter 5

你要自己發光，
而不是被照亮

你要自己發光，而不是被照亮

01

上大學的時候，有一天晚上，大家躺在床上，偶然聊起對未來的嚮往。

亞楠說：「我未來想當高階主管，每天穿著正式套裝，進出高級辦公大樓……」

小梅說：「我未來想和男朋友去環遊世界。」

我說：「我未來不準備結婚生娃，我要好好享受單身。」

大家越說越興奮，沉浸在對未來的幻想中。睡在下鋪的小蒲一直沒說話，我用食指敲敲床，問：「小蒲睡著了？怎麼沒聽見你發言？」

小蒲有點尷尬地說：「聽了你們的夢想，我都有點不好意思說了。」

大家一聽頓時來了興趣，馬上催促她：「你在賣關子不是？說說唄，就我們幾個，有什麼不好意思的？」

小蒲沉默了一下，說：「我夢想的未來就是，有個種滿花草的院子，有一兒一女。我不上班，每天陪孩子在院子裡玩耍，閒了就在院子裡打打麻將……」

亞楠的語氣裡滿含不屑：「每天打打麻將，追追劇，你以為帶兩個娃娃，還有時間打麻將？」

小蒲似乎沒聽出亞楠背後的深意：「當然得請保姆啊，我可不能淪落為孩子的保姆，我只負責當媽。」我腦補出一個畫面：小蒲和幾個朋友圍坐在桌前打麻將，旁邊的保姆正在追著一個小女孩餵飯……

我感嘆道：「你不上班，還得住有院子的房子，還得請保姆帶小孩，你知不知道，你這個躺平可是很貴的。」

小蒲立馬說：「所以，我得找個有錢的老公罩著我。」

時間一晃我們都畢業了，各奔東西。亞楠和我留在了北京，小梅去了別的城市，小蒲先是回了老家，後來又考了公務員，得到了一份不錯的工作。她的確有了一兒一女，遺憾的是，她的老公不是很有錢，也沒有住在一所有院子的房子裡。

有一次，我聽她吐槽養兩個孩子如何身心俱疲，聽她抱怨學區房子有多貴，我就笑著問她，是不是還記得自己曾夢想的未來？

她大笑，說當然記得。

她說自己現在仍然嚮往那樣的生活，每天打打麻將，追追劇……但也就是想想罷了。現實是：「越想躺平，越得拚命」。我不理解，她解釋道：「拚命了，才有資格和勇氣躺平啊。」

「你想，你不拚命，沒能力，怎麼找個好老公？在婚姻上，男人可比女人現實多了，比起花瓶，他們更願意和能力相當的女人結婚。」仔細琢磨，還真是這樣沒錯。

總有女孩夢想著找個優秀的男人，來照亮自己，成全自己。卻忽略了，如果你自己不發光，又能指望哪個優秀的男人在黑夜裡發現暗淡無光的你？就算誤打誤撞被發現了，又有哪個男人願意永遠無私地照亮一直暗淡無光的你？

我有個網友悠悠，經常在社群曬和男友出遊的照片。

男朋友一個人開車，她在睡覺；男朋友在野外忙著生火做飯，她在旁邊滑手機；男朋友在旅途中處理工作，她在旁邊等他幫自己吹頭髮；男朋友一個人在換爆掉的輪胎，她怕曬躲在車裡……後來，她發社群貼文，男朋友要一個人去歐洲旅行，不肯帶她，她很生氣，要分手。

我暗暗吐槽：如果我是你男朋友，我早就不帶你了。

在人生的旅途中，誰願意一直照顧你，伺候你？你衣來伸手飯來張口，還那麼心安理得地坐享其成，你給對方付出過什麼呢？

如果對方一直在為你付出，你卻沒有給他相應的回饋，那麼他對你的愛，終究會一點點耗盡。

02

我很喜歡電視劇《何以笙簫默》，很多人都不解，何以琛這個要才華有才華，要顏值有顏值的學霸，為什麼放棄眾多追求者，去選擇一個看起來笨笨的、普普通通的趙默笙？

我知道為什麼。

因為趙默笙是何以琛的小太陽，不只是她的樂觀照亮了何以琛的內心，還有她在攝影上的專注、努力，得到了對法律同樣專注、努力的何以琛的認可。趙默笙在攝影領域所取得的成就，並不遜色於何以琛在法律領域的表現。

所以你看，**女孩子要努力發出自己的光芒，才能吸引另一個光源的靠近**。那些讓你羨慕嫉妒恨的女孩，不是她們運氣好，不是她們「等來了」或者「找到了」所謂對的人，而是她們足夠優秀，吸引到了同樣優秀的人。

正如好友十一在與失業後就整天無所事事的男友分手時所說：你只有足夠優

秀，才配站在我的左手邊，因為我今天努力，不是為了將來妥協你的世界觀的。

03

我雖然喜歡追劇，但一般只將其作為偶爾逃避現實的臨時消遣，不會沉湎其中。因為我知道，電視劇看多了，容易引發不切實際的幻想。比如，幻想白馬王子翩翩而來；幻想男朋友永遠像寵溺女兒一樣寵溺自己；幻想結婚後仍然每天都能收到老公的玫瑰和禮物，每天都能浪漫地熱吻。

幻想有多美，現實就有多殘酷。

生活從不會因為你有多慘就對你多仁慈，也不會因為你踩了八公分高的高跟鞋就降低對你的要求，更不會因為你是女孩子就對你笑臉相待。

🐾

我的表妹大學入學考試成績不夠理想，上了一所普通大學，畢業後的第一份工作是業務助理。她曾經幻想自己的工作是踩著高跟鞋，穿著得體的套裝，自信地在一年四季恆溫的辦公大樓裡穿梭。但現實和她曾經的幻想有著天壤之別。

業務助理的工作內容之一，就是定期對競爭商家進行市場調查，然後匯總資料，做成報告交給主管。於是，表妹經常手裡拿著調查表，頂著大太陽或者冒著寒風，大街小巷到處跑。關鍵是到哪裡都不受歡迎，笑臉換回的大多是白眼。結果常常是，調研資料未到手，人卻早已累成狗。

剛畢業的表妹，不僅臉皮薄還怕辛苦，做了兩次市場調查就覺得疲憊不堪。於是，聰明的她開始偷懶，嫌天氣太熱就躲在麥當勞裡吃第二個半價的冰淇淋。至於調研資料，則是能編造就編造，調研報告也是能敷衍就敷衍。

終於有一天，人事經理找到表妹，因為她的散漫懈怠，直接影響了整個部門的業績。那是一場漫長又殘酷的談話。

表妹開始是羞愧得紅了臉，後來則是難過得紅了眼。人事經理最後說：職場不是幼稚園，不是排排坐就都有果子吃。你得過且過地從春天走來，大概熬不到冬天就會被淘汰。

表妹雖然當時大受觸動，但跑了幾次市場調查後，還是感覺吃不消。她索性心一橫，不過一份辛苦得沒人幹的工作，失去就失去，有什麼大不了？她很豪爽地辦理了離職手續，為了彌補之前受的苦，還痛痛快快地吃吃喝喝過了兩個月。

然後，她才開始投履歷，這樣挑挑揀揀又是三個月過去了。最後在我姑姑的再三逼迫下，表妹才勉強入職了一家小公司，但試用期還沒過完，她就嫌棄老是得加班，還嫌棄公司老闆太摳門，又辭職了。

現在表妹在親戚開的一家眼鏡行幫忙，多數時候都不忙，薪水也不多，有時候還不夠她自己零花。有一次聊天，我勸她趁年輕，努力拚幾年。她卻說：「拚什麼，我又不像你，想拚也沒那個能力。我現在就想以後嫁一個有錢人，否則光靠自己，早晚得餓死。」

我只好順著她說：「我頂多算自食其力吧，要是能找個人養著，也挺好的。」其實我想說，你把希望寄託在一個男人身上，是多麼渺茫又愚蠢的想法。那之後，我再也沒有勸過她。

也許你真的會找到那麼一個男人，願意為你遮風擋雨，願意為你買口紅買包包。但他有那麼多錢嗎？就算有，他會一直願意堅持下去嗎？就算他能堅持下去，你又真的會一直享受那種伸手索要的感覺嗎？

04

很多人會問：「一個女人，幹麼那麼辛苦工作？」

有人答：「我努力工作，為的就是當我站在我愛的人身邊，不管他富甲一方，還是一無所有，我都可以張開手坦然擁抱他。他富有，我不覺得自己高攀；他貧窮，我們也不至於落魄。」

這話雖然說得有點文藝，但也不失道理。靠別人努力，身體上也許輕鬆了，但捨棄的是尊嚴；**靠自己努力，你才有自尊，有底氣，有勇氣去擁抱生活的每個瞬間**。

真正的努力，不是拍一張加班的照片發個社群貼文，然後忙著回覆各種評論。

真正的努力，是一個人默默地在工作裡累積經驗，勤奮學習，抓住每一個機會充實自己，增長見識。即使不是瘋狂地啃書本、學課程，也要一點一滴地去累積，這樣才會讓我們快速成長。

姑娘，請你放棄日後找個有錢人嫁了然後相夫教子偏安一隅的所謂夢想吧；
請你合上一堆無聊的人胡編亂造卻讓你唏噓不已的愛情小說吧；
請你關掉只是用來上網看劇的電腦吧；
請你扯掉塞在耳朵裡聽歌的耳機吧；
請你趕緊地，俐落地，去奮鬥吧！
你若盛開，清風自來。
終有一天，那個對的人，那個優秀的他，會因為很多理由來愛你。
而你，只需做自己的太陽，不慌不忙發出屬於自己的光。

沒有人能讓你不快樂，除了你自己

01

週末，我窩在沙發裡，看小說《人世間》看得正入迷。忽然傳來「砰砰砰」的重重敲門聲。我以為是快遞到了，一邊應聲，一邊趿著拖鞋去開門。

門一開，撲進來的卻是娜娜。

我最先看到的是她滿臉的怒容，五官都扭曲了。娜娜是我的同鄉，我們從兩、三歲起就在一起玩耍了。因為投緣，即便長大後各忙各的，也會隔三岔五打電話問候一下對方。

我頓時想起，昨天晚上，她對我說今天要和她男朋友去逛街，還說因為兩個人工作忙，都好久沒一起逛過街了。天熱了，她想買兩條裙子，還想看個電影，再吃個烤肉……當時她沉浸在美滋滋的週末計畫中，毫無顧忌地規劃著兩人世界，完全不顧會不會給我這個週末無娛樂的單身女青年造成什麼心理傷害。

我快速看了下錶，這還不到十二點，恐怕電影都還沒看，烤肉也還沒吃吧。

「怎麼了，這麼早就逛完了？」我一邊幫她拿拖鞋，一邊小心翼翼地問。

娜娜把手裡的包往換鞋凳上狠狠一丟，踢掉高跟鞋，換上拖鞋，然後氣呼呼地一屁股跌在我那個懶人沙發裡。幸好沙發夠軟，要不她這一身憤怒這麼一跌，都可能被撞得四分五裂，把我的小屋給炸了。

「逛什麼街，還沒進商場就吵到頭暈。」娜娜一把抓過旁邊的靠枕，使勁往胸前壓了壓，趴在上面氣呼呼地說。我拿了一瓶水，遞給她。她接過去，好一會兒，才從牙縫裡擠出一句話：「我要和他分手。」

原來，娜娜提前一週就和男友約好了今天去逛街，可是才逛了半個小時，男友就哈欠連連，怎麼也不肯逛了。還說讓她自己去逛，他找個咖啡廳等她。

「男人都不喜歡逛街，逛街對他們來說和加班差不多吧。再說，你倆在一起都五年了，總不能因為一次逛街就否定了人家吧。」我本著寧拆一座橋不拆一樁婚的心態勸道。

娜娜餘怒未消：「如果一個男人連陪你逛一天街的耐心都沒有，也絕不會有陪你一輩子的耐心。」

我繼續勸道：「聽起來很有道理。愛不愛先不說，你先消消氣。他能把你氣這樣，說明你是多麼在乎他啊。你看起來就像一個要爆炸的氣球。」

娜娜這才調整了一下面部表情，說：「剛才的確是太生氣了。」這時候，娜娜的手機鈴響了。她猶豫了一下，還是接了。然後，我看著她的臉色由陰轉晴了。

「他說什麼？」我明知故問。

「他說，他回家換了一雙舒服點的運動鞋，等會兒開車來接我，去逛街。」

娜娜有點不好意思。

我逗她：「看來逛街不僅得有耐心，還得有一雙舒服的鞋才行。」她惱羞地拿起抱枕扔向我，我倆不禁哈哈大笑。

娜娜走了，我想起她這次由怒到喜的過程，前後也就半個小時吧。而其中，起關鍵作用的就是那個壓根兒沒出場的男朋友。這個女人啊，彷彿自從戀愛，喜怒哀樂就都是那個男人賜予的。

不過仔細想想，好像也不僅僅是戀愛的人才會如此，我們平時的心情不也總是被其他人左右嗎？

如果有人問：你為什麼不高興？

答案一定五花八門：被主管罵了、被同事在背後說壞話、被陌生人懟了、被朋友揭傷疤了，或者僅僅是結帳的時候收銀員的態度不夠好……

如果有人問：你為什麼這麼開心？

答案一定也是五花八門：被主管誇獎了、收到了男朋友送的禮物、很久未聯繫的朋友又聯繫上了、被陌生人誇身材好……

你注意到了嗎？其中隱含的訊息是：你的心情和別人息息相關，或者說，被別人所掌控。但是，別人不知道自己有如此大的影響力，甚至完全不記得發生過這些事。那麼，為什麼你卻深受影響，無法自拔？

關鍵在你自己，是你主動交出了自己的心情主宰權，不是嗎？

02

有一次，我讀了一本叫《我本不該成為母親》的書，很是感慨，就寫了一篇書評。書評的大概意思是：我在這本書裡看到了作為一名母親的那個「我」，對自我的否定與厭惡、對丈夫的愛恨交加、對「母親」這個身份的懷疑、對孩子的愧疚……看到了「我」內心的掙扎和迷茫。在閱讀的過程中，我忍不住哭了好幾次。

但是，我也很不認同「我」把當母親的痛苦歸究為一種家族式的「詛咒」。同時，還把「我」的悲劇核心歸究在具有「反社會人格」的女兒身上。好像在說，如果有一個「正常」的女兒，悲劇就不會發生，就能擁有幸福。難道一個母親，不應該努力發揮自己的能量去給予孩子幸福嗎？

洋洋灑灑寫了一大篇，我很為自己感到驕傲，覺得自己的看法很獨到，並把它發在了社群上。

結果，書評發出來後，有人在下面留言說：「一看就沒做過母親，胡說八道！」、「你這是在誤導讀者。」還有人說：「什麼原創，純屬瞎說！」

剛開始看到留言時，我很是生氣，這些人憑什麼指責我？他們也許都還沒看過這本書。

但轉念一想，就釋然了。

如果他們都沒看過這本書，哪裡有資格和我辯論？他們就是隨手在留言區發了一句話，我又為何要因為他們隨手發的一個評論而生氣？

這世上有兩種人：**一種人會消耗你的能量和創造力；另一種人會給你能量，支持你的創造，這種支持有時候只是一個簡單的微笑**。不和第一種人太認真，多和第二種人交往，高興不高興，你自己說了算。

03

有一次，我和一個同事約了一個客戶，說好了五點到，結果我們等到七點，他還沒到。等待的時候，同事急得像是熱鍋上的螞蟻，不停地打電話催，放下電話就抱怨對方不守時，不懂得珍惜別人的時間。

我安慰她：「凡事都會有不可抗力的因素。別著急，我去給你買杯冰可樂，降降火。」

同事看我竟然還能保持淡定，好奇地問：「為什麼你在等人的時候就不著急不生氣？我最討厭等人了。」

我淡淡一笑：「我也很討厭別人不守時，不過我可不願意因為這個生氣，不划算。」

她想了想說：「我也不想，就是忍不住啊。像這種說好的五點見，七點人還不到，真是能把人氣死。」

我笑道：「我以前也忍不住會生氣。後來，我就想，一個無關緊要的人想惹我生氣，沒那麼容易！」

同事忍不住笑起來，我們決定去買杯奶茶坐著慢慢等。

真的，**沒有人能使你不快樂，除了你自己**。

我記得在某本書上看到過一個情緒ABC理論，很有意思。A代表發生的事件，B代表我們對事件的想法和解釋，C代表我們的情緒和行為。

舉個例子，男朋友向你提出分手，你覺得自己明明那麼愛他，為他付出了那麼多，他還選擇分手，實在是太沒人性了。於是，你悲傷又憤怒，甚至想報復無情的他。

那麼，A代表的就是男朋友向你提出分手這件事；B代表的是你那麼努力去愛他而他竟然還要分手這種想法；C代表你很傷心，想要報復對方。

按照我們的常規理解，一定是事件A——男朋友要分手，導致C——我的痛苦產生了。但ABC理論認為，我的痛苦C並不是事件A男朋友要分手導致的，而是由B——你對失戀的看法導致的。因為你覺得在戀愛中，你付出了很多，你那麼愛他，他居然要分手，這使得你異常憤怒和痛苦。

如果把B換成「我們早就貌合神離了，正好我也想分手，但一直下不了決心，這下好了，對方先提了，我也可以重新開始了」。那麼分手這件事，導致的C就不是傷心，而是如釋重負，甚至還有點小慶幸、小竊喜。

我覺得這個理論很有趣，經常會拿出來玩味一番。尤其是當我正在為某事不開心的時候，我就會拿出一張紙，寫下ABC，把發生的事件、我的想法以及結果推演一遍。

有一次擠地鐵，我被一個男生踩了一腳，對方竟然沒有道歉，好像什麼都沒有發生過。本來在地鐵上被人擠來擠去，我心情就不好，加上這一踩，瞬間窩了一肚子火。我剛想和對方理論兩句，就想到了ABC理論。

「大早上，大家都急急忙忙，步伐不穩，偶爾踩到人，可能確實沒注意到。」

這樣一想，我就不生氣了，也懶得和對方理論了。

我們的情緒問題並不是別人引發的，能引爆我們情緒的人，只會是我們自己。

就好像，有的孩子在摔倒後，會捂著眼睛，從手指縫裡往外看。如果發現會哄自己的人在旁邊，馬上就會大哭起來；如果發現沒有自己能夠依賴撒嬌的人，大多數情況下都會自己默默站起來。

04

在這一生中，也許你會遇到許多人生的「負評專家」，他們的「評論」讓你鬱悶至極，甚至火冒三丈。但是，你要清楚，這些情緒，都是經過你同意的。

是你允許自己從負面的角度來看待事情；

是你允許自己把時間消耗在生氣、內疚或者懺悔上；

是你親手把開關自己情緒的鑰匙放到了別人手裡；

所以，為自己的情緒負責吧，你應該為自己的快樂負責。

很喜歡作家馮唐的那段話：「人活天地間，不高興、不痛快的事兒太多了、占的比例太高了，在不給他人添麻煩的基礎上，理直氣壯地文藝一點，不著調一點，純粹個人主義一點，生活會美好一點，梅花就落滿了南山。」

記住，不要允許別人隨意挑撥你的情緒，**沒有你的同意，誰也別想讓你難過！**

世上只有一個你，別為難自己

01

公司每年都有例行體檢，基本上我每次都會有點小異常。反正大家都差不多，我也不是很在乎。

不知道從什麼時候開始，我有點害怕體檢了。一打聽，和我抱著同樣心理的朋友還真不少。一個跳槽到新媒體公司的前同事丹說：「我不敢去體檢，我怕查出什麼大毛病，接受不了。」

我調侃她：「不管什麼病，都講究早發現早治療。」她居然很認真地說：「說實在的，我現在能感覺到身體每況愈下。頭髮掉得厲害，晚上冒虛汗，經常胃痛、腰疼，生理期也不正常，乳房上好像有硬塊……」

我也認真地提醒她：「那你可要注意身體發出的這些訊號，不要大意了。還是去醫院做個全身體檢，該調理調理。」她回了一個「好」，就沒音兒了。

過了一段時間，我還惦記著丹的身體狀況，給她發訊息，問她是否去檢查了。她發來語音，苦笑道：「天天加班到凌晨，哪裡有時間去醫院？如果能有一點時間，寧可用來補眠。」我再次提醒她注意身體，別太拚命，她無奈地說：「沒辦法，手裡的一個專案正在關鍵時刻，必須全力以赴！」

我雖然很擔心，但也懂得她的難處，只好為她祈禱。

五一期間，我終於逮住丹上線了。因為她發了一個貼文：「這個假期終於可以休息了。」配圖是一張戴著醫院特有的藍色手環的手腕，連接著輸液軟管。

我立刻打開對話方塊問：「怎麼住院了？」

她回得很快：「嗯，前天下班到家，頭一陣暈，胸悶氣短，眼前發黑。第二天早上去了醫院，醫生直接讓我住院了。」

我問她具體什麼情況，她說：「做了很多檢查，結果還沒出來。」

我安慰她說：「別太擔心，不會有什麼大事。你就是太累了，好好休息。」

她歎氣說：「是，的確是太累了這些年。」

丹就是傳說中「很會考試」的學生，家境很一般，上面有一個姊姊、一個哥哥，下面還有一個弟弟。她是她所在的村裡為數不多的女大學生之一。她的父母雖然沒有表現出重男輕女的想法，但畢竟家裡孩子多，負擔重，有時候也會在她面前嘮叨，誰誰家的女兒初中輟學去南方打工，一個月賺了多少……這時候，她的內心就無比恐懼，生怕下一句就是：「要不你別讀了，我們供不起了。」

丹說，那種恐懼讓她在家裡無時無刻不小心翼翼，連吃飯都不敢多吃，生怕父母因為飯不夠吃而讓她輟學。

在學校，她則是最拚命的那個。她早就知道，只有考上大學，才能走出去，才能擺脫命運對她下的魔咒——早早輟學，去打工補貼家裡，然後回來嫁給附近村裡的某個年輕人，一輩子做一個沒有見識、沒有知識的婦女。

終於，丹考上了北京的一所大學，當得知大學學費可以靠助學貸款時，她喜極而泣，再也不用擔心父母付不起學費而讓她輟學了。雖然她明知大學會過得很辛苦，但她的臉上從此總算有了笑容。她明白，只要自己夠拚命，就能在這個城市活下去。

開學那天，別人都忙著逛校園拍照留念，或者去學校周邊找好吃的店，她卻忙著找兼職。每天除了上課，她不是在兼差，就是在兼差的路上。整個大學期間，她沒有再向父母要過一分錢，相反，還往家裡寄過幾次錢。有一年春節，她為了多賺點，沒有回家過年，還給全家人各買了一套衣服寄回去。

畢業後，她在工作中依然延續了上學時那種刻苦精神，她希望從工作中獲得更多回報，補貼家用。丹之所以跳槽到新媒體，就是聽說這個行業比較賺錢。但在北京這個人才濟濟的地方，如果想賺得多，付出的必然更多。

她說，自己這些年一直在拚命賺錢，就是希望讓父母在收到她的錢時能感到欣慰和自豪，以及在想到差點讓她輟學時感到內疚和害怕；她說，每當想放鬆一下的時候，她就想到過去差點輟學，差點失去現在的生活，就會焦慮得睡不著；她說，雖然現在家裡條件改善了很多，姊姊、哥哥都已經結婚，弟弟也工作了，但自己就是停不下來。

我勸她：「從現在開始，別再把自己當機器一樣操了，拚到現在，你太不容易了。好好愛惜自己的身體，別太難為自己了。」

她哭了。

後來，我才知道她體檢有好多項都不正常，好在都沒有什麼大礙，重在平時的休養和調理。出院的那天，她給我發訊息：「醫生說我再這樣熬下去，身體就要罷工了。」然後，她說她現在有了人生新目標，還說這是她的第一個和錢無關的目標。

我問她是什麼？

「努力讓自己變得健康。」

看到她終於開始重視自己的身體，我調侃道：「這個目標也不能說和錢沒關係。要是不能變得健康，身體罷工了，就別想再賺錢了。」

現在的年輕人，尤其是在一線打拚的年輕人，都越來越珍惜來之不易的學習、工作機會。他們拚命努力，為了證明自己的能力，為了贏得別人的認可，一再提高對自己的要求。雖然經過努力會得到一些回報，但別人對自己的期待、自己為自己設定的目標，以及對生活品質的要求也會隨之提高。

相比之下，自然會覺得薪水漲得不夠快，就想要透過付出更多的努力，去實現自己更大的願望。

於是，他們眼睛裡只看得見前面需要追趕的，腦子裡只想著自己的努力必須配得上想要的。甚至不惜以健康為代價，逼著自己不斷向前衝，強撐著也要衝衝衝。當身體出現異常的時候，他們就用「反正大家都差不多，都在得這些病」來安慰自己。

但其實，**人生是要努力，但也不要太為難自己**。否則，你一個不小心，就可能把世界上獨一無二的自己「努力」沒了。

關於那些年輕人過度勞累猝死的事件，你一定聽過不少吧？還有很多風景你都沒來得及去看，還有很多愛你也沒來得及去體驗。如果讓你年紀輕輕就這樣消失在這個美麗的世界，你甘心嗎？

一輩子很長，也很短。在生活的洪流裡，也許你也難免有被淹沒的時候，但你得記住，**你來到這個世界上，不是專門來吃苦的**。更何況，世上只有一個你，別太為難自己。

02

青青拿出存了幾年的積蓄，分期付款買了一輛車，還是她最喜歡的烈焰紅色。她每天寧願在路上塞車塞個一小時，也不願意在早晚尖峰期擠捷運、擠公車了。

買車後不久，一次下班，她竟然在電梯裡偶遇了自己的大學校友小錢。一問，對方竟然和自己在同一棟辦公大樓的不同樓層工作，再一打聽，小錢竟然就住在自己的隔壁社區，這也太巧了。兩個人一通寒暄和感嘆，青青很自然地問到對方怎麼回家，當聽說小錢回家還需要坐公車再轉地鐵時，便熱情地表示：正好我們順路，一起坐我的車回去吧。

小錢坐進副駕駛，摸摸這裡，碰碰那裡，一個勁兒地誇青青有本事，都有能力買車了。青青盯著對方在自己車裡亂摸的手，有點不自在地說：「哪裡哪裡，我也是貸款買的。」小錢又誇她眼光好，說她也喜歡紅色，奔放大氣。

兩個人在路上又回憶了一下大學美好的時光，聊了聊互相都認識的各位同學的近況。

「地鐵實在是太擠了，想搭個計程車，早上尖峰時根本沒人接單。」小錢一邊吐槽，一邊看著青青的臉，小心地提出：「要不以後我們一起走吧，我負責幫你帶早餐，路上有個伴兒，你也不寂寞。」其實青青的內心是拒絕的，剛買了新車，她還想一邊開車一邊聽音樂，享受一下一個人在路上的時光呢。但她又不知道如何拒絕對方，就敷衍地「嗯」了一下。

本來想著自己不夠熱情，對方應該會識趣一點，自覺放棄了吧。沒想到，第二天一早，小錢就打電話問她準備幾點出門，說自己要去社區門口等她。

從此，青青的早上就不是她自己的了。有時，她稍微晚一點，小錢就不停地發訊息、打電話「轟炸」，搞得青青簡直要得了上班恐懼症了。

上了車之後，青青更是感到折磨。本來她是有點內向的，不太喜歡熱鬧，而小錢卻個外向性格，上了車，還沒繫安全帶就開始嘰嘰喳喳、自顧自地說起來了，青青只好尷尬地「嗯」、「啊」以示回應。

好幾次，青青都想找個藉口拒絕對方搭順風車。有一次，她告訴小錢，自己要繞路去給一個朋友送點東西，就不載她了，別耽誤了她上班。小錢卻說：哎呀，沒關係，我陪你去，反正我有時間。一次同事聚會，青青提起這件讓她感覺非常不爽但又不知道該如何解決的事情，我問她：「既然你不願意被打擾，為什麼不直接拒絕呢？」

青青不好意思地說：「那怎麼說得出口呢？都是校友，又在同一個地方上班，住隔壁社區。」我看著她又苦惱又尷尬的表情，無奈地搖了搖頭。

有一天，青青悄悄對我說，她終於拒絕了對方。我問她怎麼忽然想通了？她說，那天她感冒很嚴重，發燒燒得糊裡糊塗的，請了假準備在家休息一天。小錢先是發了個訊息，青青還沒來得及回覆，她電話就直接打了過來：「怎麼回事？我都等你三分鐘了，你怎麼還沒來？」

青青聽了也很不開心，乾脆就說：「對不起，我今天感冒了，請假了。另外，以後我們也不要一起走了。」說完，青青就掛了電話，渾身虛脫，似乎用盡了自己所有的力氣。

本來這件事到此就該結束了，讓青青沒想到的是，這位同學居然在校友群裡陰陽怪氣，說青青太小氣了，搭個車都不願意，而且自己每天都給她帶早餐，又沒有白坐……青青看到後背上直冒冷汗，很慶幸自己拒絕了這個同學。像這種搭了自己一個多月順風車毫無感恩之心，被拒絕後還到處賣慘詆毀你的人，還是越早遠離越好。

為了讓別人滿意，你是否曾忍著滿腹委屈、賣力付出，最後卻發現，自己非但沒落好，還惹了一身不是。

成全了別人，委屈了自己，這又是何苦？

03

很多人，尤其是心軟的人，都會遇到一個問題，就是不會拒絕別人。生活中你會發現，越是好說話的人，越是容易收到請求。

「今天開會我晚點到，你順便幫我簽到一下！」

「我要出門幾天，辛苦你幫我照顧幾天狗狗。」

「我有事得提前下班，拜託你幫我做個表格。」

別人輕輕鬆鬆一句「幫個小忙」，你又不好意思拒絕，結果打亂了自己的節奏，賠上了自己的休息時間，還悶了一肚子的火……僅僅因為不好意思，礙於面子，或者擔心別人給自己負評，擔心失去一個朋友，就對所有人有求必應。可這樣不懂拒絕，早晚會把自己逼瘋！

你的不好意思，終究會害了你。生活中很多的麻煩，都是源於不懂得拒絕。合理拒絕別人，並不如你想的那樣會傷害對方，或者會影響別人對你的評價，也未必會讓對方失望。

事實上，一個有底線、有原則的人，遠比一個處處討好的老好人更容易贏得尊重。

很喜歡余華在《在細雨中呼喊》裡說的話：「總覺得忍一忍就會好起來，真笨，人家不就是覺得你會忍一忍，所以才這樣對你嗎？」你忍一忍，別人是滿意了，自己卻被傷得千瘡百孔。就像不是所有的應酬都得去，也不是所有的忙都得忙。**拒絕別人不是得罪人，只是保護自己的一種方式**。

對於他人的求助，在自己能力範圍內的，要盡力去幫助。但也不必討好別人而違心答應，要知道，拒絕是你的權利，而行使權利，不應該也不需要有罪惡感。

記住，世上只有一個你，不要因為別人，而為難了自己。

沒有經濟上的底氣，就別談什麼獨立

01

我正在埋頭趕文案，手機鈴聲突然響起。我瞥了一眼，是老媽。不用想，肯定是又在老家的某個村裡，發掘出一個在北京混的適婚小夥子。

自從我大學畢業，一直到現在，因為我一直沒有男朋友，她已經以我們村為圓心，向外輻射幾十公里去挖掘未婚優質男青年了。現在，差不多全村，不對，從去年已經超出了村的範圍，都已經被她翻了一遍，只要有人入了她的眼，她就遙控指揮我必須去見見。

有時候我懶得去，她就不停嘮叨。

我問：「你幹麻那麼著急把我嫁出去？」她恨鐵不成鋼地說：「你都三十了，再嫁不出去，讓我這老臉往哪兒擱？」老姑娘嫁不出去，在那個家家蓋起三層透天厝卻依然被世俗枷鎖捆綁的小村莊裡，確實是夠丟人的。

我想起那句「唾沫星子淹死人」的老話，就有點同情老媽了。但也僅僅同情了一分鐘，內心生出更多的是慶幸，慶幸我尚有底氣拒絕這樣的生活。

哪個女孩不想按照自己的意願生活？做自己喜歡做的事，愛自己想愛的人就好了。至於別人的指指點點，直接無視吧。畢竟一些看起來很尋常的事，橫亙在女孩面前時，卻往往是難以跨越的阻礙。

這種阻礙有精神上的，但我覺得更多的是物質上的。

如果你自己不能賺麵包，那找個男人嫁了，組建一個家庭共同對抗生活的風險，就是父母能替你想到的最好歸宿，甚至你自己可能也會默認這就是人生的最佳解答。

沒有經濟上的底氣，就別談什麼獨立了，那比童話還騙人。但凡不敢去爭取，或者被父母逼到妥協，最後還到處訴說自己的無奈和無助的，無非都是因為自己沒有對抗的底氣和本錢。

我的一個堂姊初中畢業就輟學去了外地打工，有一年春節回來，她帶了一個男朋友。那年，堂姊大概十八歲吧，她臉蛋紅撲撲的，眼睛裡滿是期待。但大伯堅決不同意他們在一起，因為男孩家裡窮，又住得遠。

男孩走後，堂姊被留在了家裡，然後就開始有人給堂姊相親。

一開始她誰也不見，後來拗不過，還是見了，訂婚了。我偷偷問她，喜歡對方嗎？她沉默了一會兒，說：「有什麼喜歡不喜歡的，他們覺得好就好吧。」

02

經常在網上看到有人鼓動一個婚姻不幸福的女人趕緊離婚，也常常看到很多人不理解為什麼有的女人能夠屢屢原諒出軌的男人。仔細想想，那些婚姻不幸福卻不願意離婚的女人，除了因為所謂的世俗壓力，其實更多的是沒有承擔離婚後果的能力。

當一個人能靠自己把錢包裝滿，她的內心必然也會隨之變得更加強大，可以更從容地按自己的意願選擇如何去生活。

去年追了幾集《風吹半夏》，記得許半夏一心想要靠出國收購廢鋼改變人生，產業老大哥卻勸她：「女孩子，趕緊找個好人家嫁了才是該做的事。」她不以為然，堅持要去，沒有本金，借錢也要去。

在男人主導的商場上，許半夏跌跌撞撞，一路成長，付出了很多代價，卻也換來了人生更多的選擇權。

我一個同事也是如此，我認識她的時候，她很落魄。三十八歲，被男友拋棄，自己一氣之下跑到北京找工作。那時候，她狀態很不好，工作也不順，做了幾個月就離職了。後來，聽說她去了一家雜誌社，又去北大做旁聽生，再後來開始寫劇本。

經常有人給她介紹對象，主動追她的男人也不少。再婚有孩子的，她不考慮，她不願意做後媽；太年輕的，她又覺得兩人之間的年齡是障礙。重要的是，她並不急著把自己嫁出去。

如今，她劇本寫得不賴，在北京買了自己的房子，還把父母接了過來。有一天，我看到她在社群發了一張自拍照，寫著：「因為不將就，所以陽光正好。」

無論任何時候，都不要喪失賺錢的能力。經濟獨立是一個女孩最大的底氣，它能在必要時給你足夠的勇氣。

03

電視劇《奮鬥》雖然已經播出好多年了，但依然被我排在超級喜歡的愛情勵志劇榜單裡。我最喜歡裡面的夏琳，她一面溫柔、善解人意，另一面又獨立、堅持自我。

她和陸濤一見鍾情，愛得熱火朝天。陸濤用男人的方式愛夏琳，他努力工作養活夏琳。可是，夏琳和他是同一類人，她有才華，有自我。她愛陸濤，也沒有忘記自己的夢想，從不放棄去實現自己的人生價值。

陸濤事業上的成功，不但沒有給夏琳帶來安全感，反而讓她心生恐慌。夏琳對陸濤說：「我現在對自己不滿意，我必須像你一樣去努力去奮鬥，我才會對自己滿意。」於是，她選擇了遠離深愛的陸濤，去法國學習。

最後，夏琳休假回國，和陸濤重修舊好。兩個人一起去了法國，以新的身份開始奮鬥。我很喜歡米萊因為嫉妒給夏琳的那句評價：「你又窮又漂亮又有志氣，那都是陸濤所要的。有時候，我恨不得變成你！」

需要仰望的愛，終究不會長久。

愛情最美的姿態應該是並肩站立，就像詩人舒婷所寫的《致橡樹》那樣：「絕不像攀援的凌霄花……我必須是你近旁的一株木棉，作為樹的形象和你站在一起……我們分擔寒潮、風雷、霹靂；我們共用霧靄、流嵐、虹霓。彷彿永遠分離，卻又終身相依。」

能讓你以一個獨立的人的身份去愛一個人的底氣，就是自己擁有經濟獨立的能力。經濟獨立了，和別人相處時的身份和地位才能獨立。它就像熨斗，可以熨平生活中的大部分褶皺。

04

女孩們，別期待有人說「我養你」，別總夢想著嫁給富二代。要知道，別人施捨的物質，隨時也可能收回去。

男人擁有的金錢、地位、榮譽，女人也可以努力去爭取。不想按照別人的期待生活，不僅需要在精神上擺脫對別人的依賴，更需要有足夠的經濟基礎來為自己獨立保駕護航，遮風擋雨。

有時候，**恰恰是經濟上的窘迫，困住了你身體上的自由，進而阻礙了你靈魂上的獨立。**

別怕，一個人也能活出光彩

01

「頭髮甩甩，大步地走開，不憐憫心底小小悲哀。揮手Bye Bye，祝你們愉快，我會一個人活得精彩。」偶然一次又聽到蕭亞軒唱的這首《一個人的精彩》，腦子裡瞬間就冒出一個女孩的背影，任性得有點張狂，倔強得有點可愛，單單是那一股任誰說都不怕的勇氣，就讓我生出小小的羨慕。

被老媽催相親的電話轟炸了數年，有時候我也會隱隱擔心：不戀愛不結婚，真的行得通嗎？未來的路上，如果一個人走，會不會怕？為此，我也會在漆黑的夜裡拚命睜大眼睛，希望找到一個能讓自己滿意的答案。

端午放假前，朋友粥粥打電話給我：「端午放假，想找你玩一天，有空嗎？」

我說：「你找我，沒空也得有空啊！」

粥粥笑道：「確定有空？你要是有人陪，我才懶得去當電燈泡。」

我聽出她的言外之意：「當電燈泡的機會你就別想了，我倒是很高興能當你的電燈泡呢。」

粥粥頓了一下，說：「你也沒這個機會了，我失戀了。」

我連忙道歉：「對不起，什麼時候的事？」

她倒是一副滿不在乎的樣子：「三個月了吧。」

粥粥比我小兩歲，她在某婚戀網站上遇到了一個讓她傾心的男人，然後迅速墜入愛河。戀愛談了一年，我也算見識到了什麼叫如膠似漆。

「怎麼說分手就分手？」我問她。

她說：「累了。」講完了，她還忍不住爆了一句粗口。

接著，她斷斷續續說了很多。仍然是老套的戀愛劇情，開始的時候浪漫表白，各種愛的補給，甜到讓人發膩。慢慢地，因為靠得太近，甜言蜜語變成了不滿，海誓山盟裡多了猜疑，然後嫌隙叢生……她說，原來以為失戀了會難過得死去活來，但真失戀了也沒覺得有多要命。因為兩個人在一起久了，會有很窒息的感覺，還是一個人自由自在的好。

是啊，兩個人有兩個人的糟糕，一個人也有一個人的好。

同事茶茶有一段時間就像《粉紅女郎》裡劉若英飾演的結婚狂方小萍，每天奔波在相親的路上。後來，她忽然就停下了相親的腳步。

她說：「二十九歲那一年，特別想找個人嫁了，過兩人世界。但過了三十歲，這種熱情忽然就消退了，結婚的念頭淡了，覺得反正已經過了三十歲了，急也沒用，不如把一個人的生活過好一點。」

愛情，從來不是女孩的必需品。
有它，很好；沒它，亦很好。

02

以前看《歡樂頌》的時候，特別羨慕安迪，羨慕她在事業上的雷厲風行，也羨慕她從不把愛情當作必需品。安迪有著亮麗的外表，更有一顆獨立的心，她是哥倫比亞大學畢業的高材生，是華爾街金融界的女強人，是投資公司的CFO，是一名留學歸國的高階主管。

我覺得她的一顰一笑中都散發著優雅與自信，甚至連吵架都跟別人不同。隨著後來的劇情推進，我越看越明白，她身上的優雅與自信並不是與生俱來的，而是源於她對自己的高要求。比如，她每天雷打不動地晨跑，做到公司高階主管依然堅持讀書。

沒有男人、沒有愛情不重要，做了剩女也沒什麼關係。重要的是，她把一個人的日子過得風生水起，有聲有色。

當你把自己變成一塊散發著溫潤光澤的玉，一切美好的人和事都會被你吸引。可惜的是，有些女孩，不去打磨自己，又害怕孤單寂寞，一心只想從愛情中尋找慰藉和機會。

愛情來了，為悅己者容，精心打扮，神采奕奕。

愛情沒了，就不顧形象，披頭散髮，形容枯槁。

生命不是一場匆匆忙忙的路過，也不是漫長的排隊等待，它是一場享受。而享受，兩個人可以，一個人也可以。因為享受需要的不是陪伴，而是從詩意的角度看世界。

一個用心的女人，哪怕是孤單的，也能用心蒐集陽光和詩意。

活得漂亮不漂亮，和有沒有男人沒有關係，它需要的是內心的豐盈。

如果你的心是浪漫的，那麼，一個人也可以活出一場與幸福相伴的水天一色。

03

有一個週末，我睡到自然醒，然後走進廚房，前一天預約定時燉的牛肉已經冒出香氣。我舀出一些湯到砂鍋裡，開火，輕輕打了一個雞蛋進去。

小火煮到雞蛋定型，轉大火，等湯滾出水花，下一袋從超市買的袋裝拉麵。快煮熟的時候，放進洗好的小油菜。

盛到碗裡，切兩片番茄擺上去，最後再撈幾塊牛腩。牛奶一樣的白，配上新鮮的綠，豔豔的紅，真的很養眼。

我把牛肉拉麵端到小小的餐桌上，坐下來細細品嘗。

乾乾淨淨的蛋白，咬一口，露出裡面成熟的金黃色，暖暖的。這一刻，我覺得一個人的生活，真的也很不錯嘛，就讓我這樣自己過一輩子，也沒什麼不可以。

慢慢地，我再也沒有因為一個人生活而感覺孤單或者無聊，因為一個人可以做很多事……

把房間打掃得乾乾淨淨，然後光著腳踩在地板上，感受自由的浪漫。

在陽光正好的午後，手捧一本書細細品讀，偶爾遠眺，遠處天空上的一片雲彩正兀自美麗。

穿上自己最舒適的家居服，點上一支香薰蠟燭，放一首最愛的鋼琴曲，或者就是安靜地聽窗外淅淅瀝瀝的雨聲。

坐在公園的長椅上，仔細觀察一株植物的生長，或者偷瞄一下身旁經過的旅人，想像他們的生活是什麼樣子。

拿著食譜，在廚房研究自己喜歡的菜和甜點，讓房間裡的音樂聲和廚房裡的鍋碗瓢盆合奏出動聽的交響樂。

葡萄成熟的季節，學著自釀葡萄酒，把葡萄裝在玻璃瓶裡，等待某個靜謐的夜晚，為自己倒上一小杯，就著心事，淺斟慢酌。

養一隻貓咪，看牠在陽台上曬太陽，在沙發上伸懶腰，聽偶爾的喵喵聲打破屋內的寧靜。

以及，來一場說走就走的旅行。

Chapter 6

在所有的日子裡，
我最喜歡今天

在所有的日子裡，我最喜歡今天

01

有一天晚上，我躺在床上，特別想吃炒優酪乳，加芒果丁、葡萄乾和蔓越莓。一口咬下去，優酪乳的口感是脆的，芒果布丁的內裡還有點軟軟的，葡萄乾和蔓越莓又有點硬，卻迅速被咬開的酸甜彌補缺憾。

滿口的冰涼清爽和甜膩，碰撞在一起，那種感覺，美妙極了。但實在是太晚了，我就和自己商量，明天再吃吧，晚上吃涼的不舒服，碎碎念了幾分鐘，竟然也把自己說服了。

第二天白天趕一份稿子，忙忙碌碌沒歇著，一天下來累壞了，晚上回到家，把身體癱在沙發上，連手都懶得抬。忽然想起昨天晚上特別想吃的炒優酪乳，想著該給自己兌現一下承諾了吧。

很快，我遺憾地發現，此刻的我對炒優酪乳已經不那麼嚮往了，此刻也不想要那種涼涼甜膩的感覺了。中午吃了重油重鹽的外賣，晚上的胃十分渴望被清淡的家常飯菜慰勞一下。

最後，我去廚房煮了一碗番茄雞蛋麵，做了一小盤白水煮青花菜，又切了兩個小米椒，加鹽、純釀醬油、香油攪拌了一下。滿足了當下胃發出的需求，吃完的一刻，擦擦嘴，很是心滿意足。

每一個當下，如果都能毫無保留地去生活，善待自己，生命就會變得異常地珍貴和有意義。所以，在所有的日子裡，我最喜歡今天。

因為只有今天，才能給我想要的感覺和體驗。**只有今天，才能滿足自己當下**

對快樂、幸福、開心的嚮往。如果你因為種種原因不能滿足當下的自己，卻期望把這份需求收藏，希望在未來的某一天去感受，那你多半要失望了。

02

很久之前看過一個故事，大概講的是一位太太不幸患病去世，丈夫在整理她的遺物時發現了一條圍巾。那是他們去澳洲墨爾本旅遊時，在一家名牌店買的。那條圍巾非常漂亮，並且價格昂貴，妻子一直捨不得用，說是想等一個特別的日子再用，可是她再也沒有機會等到那個特別的日子了，她再也沒有機會圍上這條昂貴的圍巾了！

丈夫抱著圍巾淚流不止。他說：「如果她還活著，我一定會告訴她，再也不要把好東西留到特別的日子才用了，你活著的每一天，都是最值得珍惜的特別的日子。」

所以，不要把美麗的瓷具放在酒櫃裡，不要等到所謂特別的日子才拿出來用，因為你會發現那一天一直都不會到來。**你生活的「當下」，就是那個「特別的日**

子」，沒必要在等待中蹉跎了歲月，即刻享受就對了。

只有今天，最值得期待；只有今天，才能給你想要的幸福。

過去的昨天，再懷念，也沒有再來一次的機會。過往的經歷是一本日記，翻著翻著就有人止了步，陷入回憶中，糾纏過去的美好或悲傷。可過去的終究無法重來，越糾纏只會讓自己越痛苦。

《我不是潘金蓮》這部電影我看了兩遍。

看第一遍的時候，我很同情女主李雪蓮。李雪蓮和丈夫秦玉河不慎懷上第二胎，丈夫是化肥廠的職員，這第二胎一生，丈夫就得失業。兩人一衡量，乾脆去辦個假離婚，等生完了再破鏡重圓。

婚順利地離了，女兒也順利出生了。但讓李雪蓮萬萬沒想到的是，秦玉河趁著這個「時間差」，和別人結婚了。李雪蓮無法接受，更不甘心。她先是找親弟弟去殺秦玉河，結果當然是沒成功。

她只好訴諸法律，讓法院承認離婚是假的，結果自然是敗訴。接連告狀，卻得不到支持。她去找秦玉河，想著只要他承認離婚是假的，自己就放棄。但秦玉河不僅不顧及情面，咬定是真離婚，還當眾說李雪蓮婚前就不是完璧之身，從此讓她背上了「潘金蓮」的罵名。

一口氣堵在李雪蓮的心窩，從此她開啟了長達二十年的陳情之路。地方上的縣長、市長、法官、院長換了一茬又一茬，她執著的身影卻不曾退縮和放棄。

我從心裡欣賞李雪蓮的這股韌性，她雖然是個缺乏見識的農婦，但能為了自證清白而堅持不懈，值得尊重。

但看第二遍的時候，我卻覺得李雪蓮雖然可憐，但又很不值。賠上二十年的時光，為了一個渣男，為了一口氣，從年紀輕輕熬到韶華不再，又得到了什麼呢？到頭來不過是一場荒唐。

假如李雪蓮不糾纏過往，她有樣貌有手藝，離婚時不過三十出頭，她做的牛骨湯堪稱一絕，又在徽州有一棟小樓。她只需要跟不值得的人揮揮手，昂首闊步向前走，跟過去一刀兩斷，她的人生就會是另外一番光景。

被辜負過，沒什麼大不了，人生本就有酸有甜有苦有辣。忘記那個錯的人，**不沉溺在過往的悲傷與怨恨中，才能看清楚腳下的路**，不為糟心的事憂慮，才能擁有更好的人生。

每個女人的前半生都有諸多遺憾，有掙扎，有未完成的心願。癡戀從前的背影，過著焦慮的人生，毀的是一個又一個十年，女人的一生又有幾個十年可以揮霍呢？

用過去懲罰現在的自己，才是一生最大的悲哀。過去的都過去了，**時光從不猶豫和後悔，放不下的只有我們自己**。

03

相對於沉迷過去，大多數人喜歡活在「未來」。

今天我們還沒有好好享受，就開始火急火燎地為明天籌辦一切，這就好比明天要吃的食物非要今天全部吃到肚子裡，最後撐垮了胃。

我身邊有一位單親媽媽，帶著一個一歲多的兒子。從離婚的傷痛裡走出來之後，她開始計畫自己的明天。

她決定讀在職研究所，然而這並不容易，她必須經歷一些艱難的時刻，她不得不試圖在職業、讀書、照顧家庭之間尋找平衡，同時還要抽時間保持正常的人際交往。但她確信，艱辛的付出終會遇見更優秀的自己。這個想法使她熱情澎湃。

然而，現實是，每天繁重的安排讓她疲於應對。

一天早晨，因為忙著給孩子沖奶粉，她不小心打碎了每天早起用來喝咖啡的杯子，看到滿地的碎片，聽著孩子哇哇的哭聲，她頓時失去了所有的力氣，忍不住和孩子一起大哭起來……哭完之後，她決定不再過度執著於未來，不再為了未來綁架今天的自己。

她不再要求自己一邊帶孩子，一邊焦灼地看書學習。帶孩子時，她開始聚精會神地看著懷裡的小人兒雙手抱著奶瓶認真地喝奶，等他喝飽了，奶瓶一扔，兀自睡去，或者繼續對身邊的一切熱情探索。

她偶爾會把孩子交給朋友幫忙照看，自己去咖啡館坐一會兒，點一杯拿鐵，再來一份覆蓋著一層堅果和奶油糖霜的肉桂卷。服務生把那些彩色的糖屑撒在奶油上的那一刻，她的心在情不自禁地歡唱！

喝完咖啡，她決定走回家。老遠就看到，一大片花兒鑽出社區周邊的鐵柵欄，繁華又熱鬧。這一次，不是匆匆路過，她停下來，讓自己好好欣賞那層層疊疊的花瓣，讓那花香盡情流入鼻孔，沁潤心田。

過往的日記偶爾翻翻便可，不糾纏，與歲月和解，與自己和解，讓往事隨風。

明天的願景偶爾想想即可，不沉迷，降低期待，少一點憧憬，讓未來慢慢生長。

如果時光是禮物，那麼，只有今天的禮物，是真真地放在你手心的。捧著它，你有什麼理由不歡喜呢？

生活不在別處，眼下即是全部

01

好久沒有出遠門了。望著窗外灰濛濛的天、光禿禿的樹枝和無精打采的四季青灌木，以及從頭到腳裹著多半是黑色或者深藍色羽絨衣的行人……這就是單調的北方的冬天。

我強烈地感覺到，再這樣下去，我就要瘋了。我必須出去透透氣，不惜任何代價！

我想去一個五顏六色的地方，一個春暖花開的地方，一個白雲藍天的地方，如果還能有沙灘海風，那就再好不過了。我想穿著舒適的沙灘涼鞋，碎花長裙，戴著寬邊的遮陽帽，任由海風撫摸我的每一寸肌膚，裙擺翻飛像一隻自由的蝴蝶。

我把自己的願望發在社群，結果引來一大堆評論。無一例外，大家都和我一樣，迫切地想要離開自己所在的「破地方」，去往美麗的遠方。手機裡，一群快憋瘋的人發牢騷，抱怨，毫無顧忌地大倒苦水，如同一隻被長時間囚禁的鳥，對當下的生活一刻都忍不下去了。

然後，大家不約而同地嚮往著遠方。

「我想生活在成都，享受美食，欣賞美女，完美！」

「我想生活在瑞士的小鎮，享受慢悠悠的節奏。」

「我想生活在英國的科茲窩，聽說那裡的房子都是貝殼形，嘖嘖，在童話裡的感覺。」

「我想生活在夏威夷，那裡有北半球最美的晚霞。」

「我想生活在威尼斯，每天划著小船在水上漫遊，多浪漫。」

只有一個東北的姊姊評論說：「我在海南島三亞買了房子，當他鄉變吾鄉，只有呵呵……」在海南島買了房子，這簡直就是在變相炫耀嘛。

我回覆她：「想踩沙灘，吹海風了，說走就走，美美的！」然後，她沒有再回覆。

發洩夠了，打鐵趁熱，我開始計畫最近能擠出幾天假期，並在網上搜羅各種三亞旅遊攻略……做攻略的時候，忽然想起那個東北的姊姊，她不是在三亞有房嗎？是不是可以租她的房子？肯定會比住酒店便宜點吧，說不定還能做飯，又省下一筆……這樣一想，我立即點開了東北姊姊的微信。

結果，我了解了一個去三亞旅遊，然後在三亞買房、到三亞度假，把三亞變成吾鄉，現在萌生後悔的故事。我們稱這個姊姊為北北吧。

02

北北是土生土長的東北姑娘，凍瘡一生就是二十多年，這讓她極度厭惡冬天。她從小最大的願望，就是去一個沒有冬天的地方。自從知道了三亞以後，那裡就成了她夢想中的家園。

北北在天津上大學，雖然天津的冬天比東北的冬天好一些，但也好不到哪裡去。上班後賺到第一筆錢，她第一時間就訂了去三亞的機票。澄澈明淨的藍天，蓬鬆柔軟的白雲，溫潤清新的空氣，一切都顯得那麼不真實，甚至有點夢幻。

不自覺地，北北連呼吸都是輕輕的，就像拿著剛入手的最新款包包，一舉一動皆是小心翼翼。從那時起，北北的人生目標就變得很清晰了，那就是一定要在三亞買房。有了房子，想來就來，這裡就是自己的家。

結婚後，兒子出生，北北就夢想著一家三口在沙灘上嬉戲玩耍，但由於手裡的錢先付了天津房子的頭期款，沒有多餘的錢在三亞買房了。兩年後，家裡的經濟狀況有所改善，然後，女兒也出生了。

北北馬不停蹄地啟動了去三亞買房的計畫，她和老公專門抽出半個月的時間去三亞。每天跟著仲介滿城跑，百般比較，萬般糾結後，訂了一套複式洋房，距離機場和海邊都不算遠。

辦完手續，北北身心疲憊，卻又抑制不住心裡的小興奮。她以為，一家四口在三亞的沙灘上曬太陽的美好生活，從此就開啟了。

現實卻很快打臉了。

首先，三亞的這套房子沒人住也要付各種開支，甚至因為不住，需要支付的還更多。物業費，一年好幾千，就算一天不住，一分錢也別想少；房子長期不住，需要隔一段時間通通風，簡單收拾一下，交給物業託管，一年又是幾千。

第一年的時候，北北不願意別人出入自己的家，就沒有託管。結果，一家人高高興興來度假，開門一看卻傻眼了。

屋裡的地板、櫃子、沙發，所有能積灰塵的地方，都堆了厚厚的灰塵；牆角的蜘蛛網隨處可見；花花草草更不用說，早就死了。第一天光是打掃環境，就已經讓人筋疲力盡了。

其次，是被各種瑣事困擾。水、電、瓦斯、網路，全都開一遍；然後是採買各種生活用品，柴米油鹽醬醋，瓜果蔬菜雞蛋牛奶，以及孩子的紙尿褲、奶粉等。

吃喝拉撒的裝備湊齊了，家終於像模像樣，可以享受生活了吧？不，因為孩子還是那個孩子。大的依然跟在屁股後有一堆要求，依然把玩具扔得到處都是；小的依然隨時因為渴了、餓了、尿了而哭鬧不止。

時間還是和原來一樣不夠用，原來的忙碌一點沒少掉，反而還多了。於是，北北帶來的書，在行李箱裡連拿都沒拿出來過。要知道，她已經到三亞整整一週了，居然還沒去海邊悠閒地吹吹海風，看看日落，拍拍照片。

這還沒什麼，最讓她崩潰的是，有一年，夏天暴雨，水從陽台淹到屋裡，木地板全都泡得變了形，天花板上滿是水漬和黴斑，且陽台積水滲到了樓下，還得幫鄰居修房子。

先找了清潔公司打掃環境和消毒除黴，接著按物業的要求，幫樓下鄰居修房子。幾番折騰，北北不禁自問：「我這是何苦來著？」飛到嚮往中的三亞，也不過是換了一間房子，繼續重複原來的生活罷了。

北北暗嘆一聲，悄悄給自己在三亞買房這個決定，打了大大的負評。

我們以為自己可以逃離在一個地方的庸碌日常，逃離瑣事，結果不過是換一個地方陷入同樣的庸碌和瑣事。

即便生活在別處，一樣得為一日三餐憂煩。

我們總是嚮往遠方的美好，而當他鄉成為吾鄉，遠方就不再是遠方了。

對於真正懂生活的人來說，美好即在當下，眼前就是幸福。

03

我的一個朋友新租了房子，搬了家，邀請我去家裡玩。租的是一個單間小公寓，廚房是開放式的，客廳和臥室用一道厚厚的布簾隔開。

房子雖小，也不是自己的，但整個屋內的擺設和布置顯然沒有一點將就的感覺。床頭的位置有一個書架，上面擺滿了書。書架旁邊沒有擺放桌子，而是放了一個實木的長條凳，一個可以折疊的小木桌。

木桌上放著一小盆文竹，花盆很有特色，米白色，泛著青藍的光澤，像一個破了個口、橫放著的雞蛋，上面還繪有竹子的圖案。盆的一邊放著一個盤腿而坐、雙手置於膝蓋、眯著眼的小沙彌，很是療癒。

小木桌，既可以當餐桌，也可以當書桌。我從書架上抽出亦舒的《我的前半生》，坐在長條凳上隨手翻閱。

「怎麼樣，有沒有在圖書館的感覺？」朋友端著一杯自己泡的檸檬水邊遞過來邊問。

「別說，還真有在圖書館的感覺。不過，圖書館可沒檸檬水。」我打趣道。

抬眼望去，牆壁上掛著她自己繡的山水圖，雲霧繚繞中的山，遠處是像個蛋黃一樣的夕陽，近處是開得熱烈繁茂的花，點點綠意襯托其間，顏色十分鮮豔。仔細看，山腳下的樹木掩映中還有幾間小屋，屋前有小小的人影。

床尾有一個單人衣櫃，衣櫃旁邊的牆壁上，掛著幾張朋友的照片，上面的所有人都笑容明媚，一如外面燦爛的陽光。

「難得你把房子布置得這麼溫馨。」我由衷地贊道。

「房子雖然是租來的，但生活不是啊。」

「房子雖然是租來的，但生活不是啊。」這句話，一直在我耳邊縈繞不絕。我們總習慣把生活拉到未來的某個假設裡，去想像幸福，卻不知道生活從不在別處，眼下即是全部。

我們想要的放鬆，想要的休閒，並不一定只有在遙遠的海邊才能實現。如果你去不了遠方，也不必憂愁、抱怨，家裡客廳的陽光照在身上一樣暖洋洋；附近的小公園，一樣可以賞花觀葉看秋色。

你想要的美好，都藏在眼前的一飯一蔬，一茶一飲，一朝一暮裡。

過得好不好，在乎心，而非身在哪裡。

悄悄堅持，慢慢變好

01

我曾經在社群上看到過這樣一個問題：「把一件小事堅持下去，會得到怎樣的結果？」

有個女孩說，她堅持每天早起一小時，利用這個時間去運動，並制訂一天的工作計畫。堅持了不到一個月，她就發現整個生活都從容了起來。

還有一個女孩說她每天堅持走一萬步，而且十分注重出力的方式。這件事，她已經堅持三年了，整個腿形變得勻稱、緊實，體重也降了十幾斤。

看到大家在討論區分享的經驗，真是沒想到，只不過是一些小小的堅持，就能帶來這麼大的變化。

這讓我想起很久之前在一個論壇上認識的女孩，她很喜歡畫漫畫，但畫畫只是她的業餘愛好，一開始能明顯看出來，她發布的作品畫風比較稚嫩，筆法拙劣。但她沒有放棄，仍然一直畫，並且堅持每週三和每週六在論壇發文，展示自己的最新作品，接受大家的批評和建議。

她畫的大多是簡單的四格漫畫，但能看得出來，每一幅都是經過認真構圖，用心上色的。但還是有人評論吐槽，說她實在沒什麼天分。看到這樣的負評，她也不在乎。

中間有好幾年，我都不逛論壇了，偶爾一次登錄上去，發現她還在畫。只是筆法已經很嫻熟了，而且聽說她已經是小有知名度的漫畫插畫家了，她創作的漫畫作品在網上也很受歡迎。

一件微小的事，只要你能默默堅持，在歲月裡不斷重複耕耘，時間就會讓你變成另一個閃閃發光的自己。

02

小事不難做，堅持做卻有這麼好的效果，我一直躍躍欲試。

有一次在網路看到一篇文章，標題很吸引人：「你和女神只有一牆之隔。」作者說，很多女神為了保持好身材，都有一個秘訣：每天貼著牆站上半小時。我想，天哪，又不用運動出汗，這麼簡單，誰做不到？

於是決定親身一試。為了避免一個人站著尷尬，我還號召兩位女同事和我一起變美。剛開始，我們不好意思在辦公室裡站，就跑到外面走廊角落裡站。按照作者要求的站法，緊貼牆壁，兩肩放鬆，兩腿繃直，雖然沒有多辛苦，但半個小時裡一直保持這個姿勢不動，也並不輕鬆。

堅持了一週，我就堅持不下去了。然後，和我一起嘗試站立的兩個女同事，也都各自找理由放棄了。

立志想要改變現狀的人不在少數，但真正能堅持下去的卻寥寥無幾。是什麼在阻礙我們堅持下去？大概是那種無望感吧，連續堅持好幾天，甚至十幾天，仍然看不到成效，就會想要放棄。

我曾經經營過一個社群帳號，一開始，我每週都會更新三篇文章，保證品質、保持數量。可堅持了三個多月後，只吸引來幾十個粉絲，點讚數更是少得可憐。後來，更新頻率逐漸降低到每週一更、半個月一更，再後來乾脆就放棄了規律更新，變成了隨機更新。

無法即時滿足，就乾脆放棄不幹，也許這就是很多人無法堅持做一件小事的根本原因吧。

後來工作中認識了一位企業高階主管，他對我說，一味追求即時滿足的人，只會再三選擇放棄；**而真正厲害的人都是習慣了推遲滿足感，所以能在看不到成績的時候依然堅持**，直到看到光明。

一次做一件小事不難，難的是一輩子堅持做這件小事。所以，如果不能擺脫即時滿足的低層次快感，不能忍受堅持過程中的孤單和寂寞，是很難超越自我，改變現狀的。

03

每個人都喜歡美女，每個女人也都嚮往自己能成為美女，於是減肥成為女人之間永恆的話題，並且她們總是千方百計地在減肥這條路上尋找捷徑。

有一段時間，我身邊很多朋友都把自己的社交帳號頭像換成了「不瘦十斤不換頭像」的圖片，嚷著要減肥的人太多了，但真正能堅持下來的人卻沒有幾個。

少吃一點，聽起來不難做到，但面對美食誘惑，誰又能管得住自己的嘴巴呢？

我老家的一個鄰居，按輩分，我得管她叫姑姑，實際上她只比我大兩歲，我上國二的時候，她讀高一。她人很胖，聽我媽說她的體重有八十七公斤。我還聽說，同學們給她取了個綽號，叫「八七」。

我和她來往不多，但後來發生的事讓我對她刮目相看。

因為太胖影響了體育成績，她從高三開始減肥，每天堅持跑五公里，戒掉了甜食等高熱量食物。然後，我就眼看著她，從八十七公斤到八十公斤，再到七十公斤、六十公斤……一點點地瘦了下去。大學考完後，她的體重只有五十五公斤了。

後來我想，考完她肯定會再胖回去的。但後來我每次回家，都沒見她再胖回去。一晃十多年過去了。我找機會問她，這些年是怎麼保持身材的？她說，她現在還在堅持跑步，就算不能每天跑，每週也至少跑三天。

我想起自己也總是說要去跑步減肥，但一年下來也沒執行過幾次，真是汗顏。真的，去堅持做一件小事吧，幾年下來，一定會有令你意想不到的效果。哪怕是每天做三十個仰臥起坐，或者每天練二十個毛筆字，或者每天練十分鐘吉他，又或者僅僅是每天寫一篇兩百字的短文。

我小姨家的一個表妹今年考上了一所頂尖大學，我媽高興地給表妹包了個大紅包。表妹的考試成績，其實也是在我意料之中的，因為她是個很有想法也很自律的女孩。

上國中的時候，有一次她向我請教怎麼背誦單字，我告訴她，快速背單字就是每天大量練習，反復背誦，這是個比較痛苦的方法。還有一個相對輕鬆點的累積單字的方法，就是閱讀原版英文小說。這是一個老師教我的，我當時也買了幾本英文原版小說，但總是讀一點就讀不下去了。

她聽了之後，決定嘗試一下閱讀英文小說。她選的第一本英文小說是《歐亨利短篇小說選集》，她說這本書裡面都是短篇小說，情節也比較有趣，有利於堅持讀下去。

我原以為她會和我一樣，也堅持不了很久。沒想到，她花了一個月時間，把《歐亨利短篇小說選集》英文版看完了，還跟我說這個累積單字的方法的確不錯，因為有些單字會重複出現，看的次數多了，自然就能記住了。讀了原版，不僅單字量豐富了，還培養了文法。

再後來，她又讀了英文版的《小王子》、《怦然心動》、《奇蹟男孩》、《綠野仙蹤》、《芒果街上的小屋》等。再後來，她看了中文版的《哈利波特》，又把英文原版「啃」完了。等到她上高一的時候，已經讀了近二十本英文小說了。

堅持一件小事，也許不會一下子就看到成效，也不能一下子和別人拉開差距，但只要有一點點微小的進步，就能帶給人勇氣和自信。

借著這點勇氣和自信，堅持下去，即使前面的路還有很長，你也一定能積蓄足夠的能量，面對一切風雨。

愛就好好愛，明天才不會遺憾

01

有人說，愛情就像奶油，新鮮的時候最好吃，一旦過期，就會變味。

大四的時候，學業即將結束時，在武漢讀大學的糖糖，已經在北京找到了一份工作，正在學校安心等畢業。正逢學校舉行春季運動會，大四在校的人很少，糖糖被老師硬抓去當裁判。

跑道上，一個男生，個子高高瘦瘦，穿著白背心，跑得飛快。糖糖有點恍惚，思緒回到了從前，彷彿看到一個男生在遠處朝自己微笑，空氣裡都是愛情的甜味。

「請問，我可以拿瓶水嗎？」糖糖從回憶中醒來，發現正是剛才那個男生，他跑了第一名，滿頭都是汗，正微笑著問她。

「可以，」糖糖彎腰拿起給運動員準備的礦泉水遞過去，順口囑咐道，「剛跑完步，不要喝太多。」男生笑了笑，算是回應，果真只是抿了幾小口，就把瓶子拿在了手裡。

男生叫阿亮，也是大四的，工作在上海找好了，在學校沒事做，就參加運動會「玩」。看著他臉上乾淨的笑容，糖糖的心沒來由地「疼」了一下。夢中無數次出現過的他，曾經也是這樣對自己笑的。運動會結束的時候，阿亮忽然跑過來問她：「晚上有空嗎？」

糖糖想搖頭，最終卻還是點了點頭。晚上，兩個人去看了場電影，前面看起來都是大一、大二的學弟學妹。糖糖有點恍神，她從來沒有哪一刻，比現在更想回到大一。

看完電影，阿亮陪她走到寢室樓下，說了再見，糖糖轉身離去。阿亮突然在背後叫住她，在燈影裡輕輕問：「你願意做我女朋友嗎？」那一刻，糖糖多麼想點頭答應他。可是，她想到自己已經在北京有了喜歡的工作，而他的工作卻在上海。

「算了。」糖糖輕輕地說，就像拒絕一個平常的吃飯邀請。

再見到阿亮，是在火車站。糖糖上了去北京的火車，沒多久，就看到阿亮走了過來。

「你瘋啦！你怎麼跑到車上來了？一會就發車了，快下去！」

阿亮笑嘻嘻地說：「我送送你，順便到北京玩。」阿亮把糖糖送到公司宿舍就走了，說是找同學去玩。

糖糖非常想快速融入職場，她很忙，幹得很起勁。週末，糖糖下班走出辦公大樓，發現阿亮正站在馬路對面。她迎上去，好想就此拉住他的手，可真走到跟前，她卻只是淡淡問他：「你什麼時候去上海？」

兩個人去吃飯，阿亮要了兩杯鮮榨橙汁。分別的時候，他叫住她，輕輕地說：「我們戀愛好嗎？」

糖糖知道他要回上海了，只是笑著搖搖頭。

他似乎知道她的擔憂，接著說：「我正在北京找工作。」糖糖不知道該不該相信他說的話，她想摸摸他的臉，最終也沒有伸出手。

一轉眼就春節了，糖糖選擇留在北京，沒有回家。大年三十，糖糖正準備到樓下和沒回家的單身同事一起過年。手機響了：「糖糖，新年快樂！」是阿亮。

「新年快樂！」

「你去陽台。」糖糖疑惑地走到陽台，向下看，發現阿亮正站在雪地裡，對自己傻笑。糖糖的心裡說不清是驚喜還是慌亂，她跑下樓，站在他面前。

「你真是個瘋子。你不回家過年跑到這裡來幹什麼？」其實，糖糖好想撲進他的懷裡，但她終究還是放棄了。

「我一直在北京。我現在就在這裡工作啊，」他伸出手握住糖糖的手，「這次，你總會答應我了吧？」糖糖有些手足無措，她又想起了上一次分手的痛。

年夜飯後，阿亮給她發訊息：「我不勉強你。三天以後中午十二點，我在你們公司樓下的速食店等你，如果你不來，我就知道該怎麼做了。」糖糖的內心其實已經有了答案。

約會那天，她很早就去了。因為時間還早，她就去對面的賣場逛了一會兒。過了一會兒，她發現手機沒電了，趕忙奔去速食店。隔著馬路，她看到了一個身影攔了一輛計程車，疾馳而去……

糖糖永遠記得，她回家給手機充上電。手機提示收到一條新訊息：「我知道你心裡一直有顧慮，也許還沒有做好準備。但我覺得，在愛的時候，好好愛，就夠了。沒有回應的等待真的很辛苦，再見。」

糖糖把這條訊息點擊了收藏，她想，也許，這是老天對自己的懲罰。

其實，人生的很多遺憾，並非什麼命該如此，而是自己親手造成的！因為害怕重複過去的傷害，所以選擇與今天遇見的美好擦身而過，是不是很傻？

人生只有一次機會，沒有彩排，不能重來。對於喜歡的人和事，遇到了，就伸手擁抱吧，別猶豫。要知道，彼此喜歡，彼此吸引的靈魂，不是隨時隨地都能遇到的。

一輩子，總要為了自己喜歡的人，奮不顧身一次，當然，也可以是兩、三次。因為，**幸福有時候一次遇不到，那就遇兩次、三次，總有一次能遇到**。

02

因為工作的關係，小慧和子峰有過幾次接觸。為了方便工作聯繫，兩人互加了微信。

那年冬天，一個週末的下午，在家休息的小慧驚奇地發現外面下雪了。大片大片的雪花在空中飛舞，讓她想起大學語文老師說過的話：「冬天最浪漫的事，就是外面下著大雪，在屋子裡，和三五好友圍著桌子吃火鍋。」

小慧把這段話敲在社群上，然後配了一段下雪的短影片發了出去。很快，她看到子峰在下面留言：「心動，好想體驗。」小慧回覆了一個笑臉。

過了大約兩個小時，她接到子峰打來的電話，說他已經到她所住社區的門口了。她正要問，是不是有什麼事，只聽他說：「我買了火鍋食材，想去你家吃火鍋，你不會拒絕吧？」

小慧有點不太自然，還是笑著開玩笑：「要是我說我家沒有電子鍋呢？」

他說：「這個不難，我現在掉頭去買一個就是了。」小慧怕他當真，趕緊說：「有的，騙你的。」

火鍋咕嘟咕嘟煮著羊肉片、牛肉片、魚丸、牛肉丸，子峰居然還買了兩顆大馬鈴薯、一把茼蒿，還有冬粉、火鍋麵什麼的。屋內，火鍋繚繞著騰騰熱氣；屋外，雪花越來越密集。這一頓火鍋，直吃了三個多小時。

那天，小慧告訴他，自己曾談過一場八年的戀愛。她說經歷了那一次傷痛，自己的心就像外面的那些冰柱一樣又涼又硬。子峰想了想，說：「那以後我們多吃火鍋，冰柱就會化了。」

「那要是不化呢？」

「那就多吃幾次呀。我們不能把這件事想得那麼難，是不是？」雖然內心仍然有掙扎，但她還是決定再試一次，努力讓自己幸福。

後來，他們戀愛、結婚、生女，幸福得一塌糊塗。冬天的時候，每當週末，他們幾乎都會選擇吃火鍋。小慧會準備很多食材，一點點慢慢煮，慢慢吃，一頓火鍋經常從中午吃到傍晚。

屋裡有暖氣，再加上火鍋的熱氣，也可能是喝了點酒的緣故，她的臉紅紅的。

「你還是那麼美，不，比以前更美。」

「謝謝你，謝謝我自己。」小慧舉起酒杯一飲而盡，她感覺自己真的醉了。小慧覺得，大學語文老師說的那段話，如果改一改，或許更好：「冬天最浪漫的事，就是外面下著大雪，在屋裡，和喜歡的人，圍著桌子吃火鍋。」

不管一個人心裡藏著多少過去的悲傷，都不應該拒絕今天送給你的幸福。

總有一份愛，會把悲傷融化。

前提是，你要有勇氣，讓愛留在你身邊。

願你，哪怕曾經被傷得遍體鱗傷，也依然相信愛情。

做三四月的事，七八月自有答案

01

在朋友的「慫恿」下，我曾參加過一次半馬馬拉松比賽。比賽前，我的心情起伏不安，緊張、激動、擔心、期待，各種情緒在腦子裡攪成了一鍋粥。拿獎牌這種事我是想都不敢想的，我主要擔心自己能不能堅持到最後，會不會跑到崩潰，跑到半途出現意外怎麼辦？

比賽開始前一分鐘，我已經緊張得近乎痙攣，特別想去上廁所，實際剛剛才去過沒多久。但是，真的跑起來後，我的心倒是慢慢平靜了下來。

我和朋友都是重在參與，也不打算爭名次。所以，開始的幾公里，我就跟在朋友身後不遠，迎風向前，跑得輕鬆又舒緩。大約八公里的時候，我的雙腿不再輕快，呼吸開始變得粗重。朋友的身影漸漸跑遠，我想像著自己一頭汗水、五官扭曲的樣子，只覺得自己像一隻溺水的貓。

我不斷問參加者，還有多遠？還要跑多久？

當我聽到還有一半路程時，幾乎快要坐地痛哭了。手腳就像拖著沉重的鐵鏈，一個聲音不斷在耳邊罵罵咧咧：「再也不跑什麼狗屁馬拉松了，我不跑了……」我無比擔心自己會隨時「掛掉」，想停下來。四處看看，前面沒有人停下來，後面零零散散的人，也沒有停下來。

周圍還有不少觀看的人，我看到有人舉著相機，激動地對著我大喊：「加油！」搞得我不好意思停下來了。

既然開始了，那就堅持到終點吧，哪怕慢一點。我從心裡放棄了停下來的想法，也不再去想終點還有多遠，只管一步步向前，機械式地向前。沒有任何勵志的話，也沒有任何目標，我只是被雙腿帶著前進。

頭微微垂著，背微微弓著，好像這樣能省點力氣，眼睛虛幻地看著前面一點，腦子裡什麼都沒有，只剩下雙腳落地的聲音。不知堅持了多久，只見周圍的人群像水流一般湧向前方。微微抬頭一看，是終點拱門！

越過拱門的那一刻，因為慣性，我又向前跑了一會兒才停下來。然後，我一下子坐在地上，雙手掩面，淚水無聲地落下來……

旁邊有人把我攙扶起來，說：「你太厲害了！」是的，我做到了。

那種感覺，至今仍深深地印刻在腦子裡，那是一種努力到最後，終於戰勝困難的喜悅。

努力的路上，不需要設想各種糟糕的或美好的結果，也不必去擔憂路上會遇到什麼狀況。當你對未來沒有把握的時候，請停止想東想西，低下頭，虔誠地做好手頭的工作吧。製造的雜音太多，會對你造成無謂的干擾。

你只需要關注腳下，做三四月的事，七八月自有答案。

02

我一個表哥在大學任教，他說有一次，班上一個女孩三番五次找他，想換科系。在大學裡調換科系並不容易，表哥和那個女孩談了許久，最終答應幫她先向學校提出申請。

表哥苦口婆心地叮囑女孩，必須通過學校的一個測試，才能被允許轉科系，在此之前一定要好好準備。女孩也聽話，買了很多書，看起來學習勁頭十足。

表哥很欣慰，將替她申請轉系的資料交了上去。誰知沒過幾天，女孩又來找他，低著頭說，自己不想轉系了。表哥很驚訝，前幾天還要死要活地想轉系，這麼快就放棄了？

女孩低著頭，吞吞吐吐地說：「我想了很久，覺得要換的這個科系也不太適合我，畢業後也未必能找到有前途的工作。」表哥沒說什麼，女孩又一臉糾結地說：「可是原科系更不適合我，唉，我有點想退學，重新去參加考試。」

表哥很想說，連一點努力都捨不得付出，想那麼多有何用？但怕打擊對方的自尊心，他委婉地對女孩說：「未來的事，誰知道呢？不如先努力把現在的功課學好吧。不管怎麼樣，這是目前累積知識應對未來的唯一方法了。」

如果你把多數時間和精力都花費在想像和假設上，猶猶豫豫，糾糾結結，惆悵萬千，能指望收穫什麼美好的結果呢？

03

這是一個喜歡速成的時代，大家都熱中於追求時間短、成效快、效益高，而摒棄踏踏實實的累積。但真正要成事，都是要靜下心來，耐心耕耘一件事，最後才能水到渠成。

還記得剛畢業的時候，去了一家規模不大的公司就職。我很難靜下心來，總認為自己未來前途渺茫。為此，我整日謀劃其他出路，心裡焦慮不堪，又感到不知所措。

在一次工作失誤，受到上司的批評後，我乾脆拋開所有三心二意的想法，將心思都投入到手頭的工作上。半年後，我負責的一個專案完成得很出色，受到了嘉獎，公司也給了我更優厚的條件。這為我的履歷增添了耀眼的一筆，外部的工作機會紛至沓來。

所以，根本不用過早地糾結自己的未來走向，**當你迷茫不定的時候，傾盡全力做好手頭的事情，就是當下最好的選擇**。

工作中，曾和幾位主管去一家茶社喝茶，茶藝師看起來三十出頭，著一身素雅的復古棉麻衫，化著淡淡的妝，氣質優雅。

她一面奉茶，一面娓娓道來：「這是台灣凍頂烏龍茶，產於台灣鹿谷附近的凍頂山。那裡終年雲霧籠罩，年均氣溫攝氏二十五度，非常適合茶的生長。理想的自然環境，再加上凍頂烏龍茶採製的工藝十分講究，才能收穫如此甘醇濃厚的味道。」

她的聲音舒緩，似乎帶著某種魔力，讓人的心就像茶葉，在滾燙的水中慢慢落下，最大限度地自由舒展。只見茶湯清澈，呈現出一種柔和的蜜黃色，空氣中也氤氳著悠揚的香氣。

對於茶來說，在最合適的環境裡發芽、生長、沐浴陽光，剩下的交給時間，時間終不曾辜負。對於我們來說，在最適當的年紀，只管埋頭耕耘，不必擔憂未來，也不必刻意尋找什麼。

不急不躁，不疾不徐，踏實走下去，你想要的，歲月都會給你。

好起來的從來都不是生活，而是你自己

作者：夏天

總編輯：張國蓮
責任編輯：李文瑜
資深編輯：袁于善
美術設計：姚思安

董事長：李岳能
發行：金尉股份有限公司
地址：新北市板橋區文化路一段 268 號 20 樓之 2
傳真：02-2258-5366
讀者信箱：moneyservice@cmoney.com.tw
網址：money.cmoney.tw
客服 Line@：@m22585366

製版印刷：緯峰印刷股份有限公司
總經銷：聯合發行股份有限公司

初版 1 刷：2025 年 4 月
定價：420 元

原書名：《好起來的從來都不是生活，而是你自己》
作者：夏天
本書繁體版由四川一覽文化傳播廣告有限公司代理，
經北京卓文天語文化有限公司授權出版

國家圖書館出版品預行編目（CIP）資料

好起來的從來都不是生活,而是你自己/夏天著. -- 初版. -- 新北市 : 金尉股份有限公司, 2025.04
面； 公分
ISBN 978-626-7549-22-3(平裝)

1.CST: 自我實現 2.CST: 生活指導
177.2 114003765